Hackfleischküche

Kay-Henner Menge
Claudia Schmidt

Hackfleisch-küche

vielseitig • schnell
raffiniert

Bassermann

Abkürzungen

TL = Teelöffel
EL = Esslöffel
Msp. = Messerspitze
g = Gramm
kg = Kilogramm
ml = Milliliter
l = Liter
cm = Zentimeter
ca. = circa
°C = Grad Celsius
Ø = Durchmesser
Std. = Stunde(n)
Min. = Minute(n)
TK- = Tiefkühl-
gem. = gemahlen

Hinweis

Die Backofentemperaturen beziehen sich auf den Elektroherd mit Ober- und Unterhitze. Wenn Sie mit Umluft arbeiten, reduzieren Sie die Temperatur um 15 bis 20 Prozent. Die Backzeit bleibt gleich. Die Umrechnung von °C-Angaben auf Temperaturstufen von Gasherden entnehmen Sie bitte der Gebrauchsanleitung des Geräteherstellers.

Der Text dieses Buches entspricht den Regeln der neuen deutschen Rechtschreibung.

Impressum

ISBN 3-8094-1274-0

Umschlaggestaltung: Horst Rothe, Niederseelbach
Layout: Büro Norbert Pautner, München
Redaktion: Anja Halveland
Herstellung: Ortrud Müller, JUNG MEDIENPARTNER, Niedernhausen
Rezepte: Kay-Henner Menge, Hamburg; Claudia Schmidt, München (außer S. 26, 28, 32, 40, 66, 70, 74, 80, 86, 90: FALKEN Archiv)
Rezept- und Aufmacherfotos: Klaus Arras, Köln (außer S. 33, 49, 83: Amos Schliack, Hamburg; S. 41: Michael Feiler, Karlsruhe; S. 67, 81: Wolfgang Feiler, Karlsruhe; S. 71: Damir Begovic, Hamburg; S. 75, 87: Fotodesign Georg M. Wunsch, Köln; S. 91: und sonstige Fotos: FALKEN Archiv
Satz: Petra Zimmer, Idstein
Reproduktion: Altenkirch Mediaproduktion GmbH, Nieder-Olm
Druck: Neografia, Martin
Printed in Slovakia

817 2635 4453 6271

Inhalt

▲ Für den Hackfleischteig weichen Sie ein paar trockene Toastscheiben oder altbackene Brötchen mit etwas Wasser oder Milch ein.

▲ Das Hack mit Salz, Pfeffer und eventuell Kräutern würzen, ein Ei und das eingeweichte und ausgedrückte Brot oder die Brötchen dazu geben.

▲ Alles kräftig mischen und mit nassen Händen kleine Bällchen formen.

Kleine Hackfleischschule

Hackfleisch – ein Lebensmittel wird neu entdeckt. Hackfleisch fand sich bisher selten auf den Speisekarten edler Restaurants. Doch immer öfter werden klassische Hackfleischgerichte wie Königsberger Klopse und Tomaten-Hackfleisch-Sauce auch in anspruchsvollen Lokalen serviert. Endlich bekommt Hackfleisch, das so lange ein kulinarisches Schattendasein führte, eine neue Identität! Mit diesem Buch wollen wir Ihnen und Ihrer Familie eine Auswahl aus der vielfältigen Hackfleischküche vorstellen: Klassiker, Altbekanntes in modernem Gewand sowie neue Kreationen.

Ein Allround-Talent

Der große Pluspunkt an Hackfleisch ist, dass es auf so viele verschiedene Arten zubereitet werden kann. Es lässt sich wunderbar mit den verschiedensten Kräutern und den exotischsten Gewürzen verfeinern. Die traditionelle Hausmannskost kommt ohne dieses Fleisch nicht aus und auch in vielen internationalen Speisen findet Hackfleisch Verwendung. Die aus Italien stammende Bolognese-Sauce gehört bestimmt zu Ihrem Kochrepertoire, doch in diesem Buch werden Sie auch viele neue Kochideen finden – wie wäre es beispielsweise einmal mit einer Hackfleischsauce auf chinesische Art (S. 52) oder mit einer indischen Hackrolle (S. 78)?
Und nicht nur durch die vielfältigen Möglichkeiten des Abschmeckens besticht Hackfleisch, sondern auch durch den breit gefächerten Einsatz in der Küche. Sie können Köstliches in der Pfanne zubereiten oder aus dem Ofen zaubern. Unter dem Grill können Sie Spieße bereiten, oder Sie lassen Hack schön verpackt als Maultasche in eine Brühe eintauchen. Selbst Salate gehören zum Repertoire – sie bekommen mit Hackfleisch richtig Pfiff. Und zu guter Letzt eignet sich Hack wunderbar als Picknick- und Partyspeise, da es herzhaft gewürzt und einmal gegart auch kalt ausgezeichnet schmeckt und gut zu transportieren ist.

Alles geregelt

Die Bezeichnung Hackfleisch stammt aus der Zeit, als das Fleisch noch per Hand mit einem Messer fein gehackt werden musste, weil es keinen Fleischwolf gab. Doch diese Zeiten sind vorbei und inzwischen wird es jeden Tag frisch beim Fleischer oder im Supermarkt angeboten. In Deutschland gibt es mit der Hackfleisch-Verordnung im Lebensmittelgesetz strenge gesetzliche Regelungen, die die Herstellung und den Verkauf von Hack festlegen. Diese Verordnung schreibt unter anderem vor, dass Hackfleisch aus Skelettmuskelfleisch hergestellt werden muss, das sehnenarm ist bzw. von groben Sehnen befreit wurde. Es darf nur ohne Zusatz verkauft werden. Die Verordnung regelt ferner den Fettgehalt der gängigsten Sorten und setzt fest, dass Hackfleisch nur am Tag der Herstellung verkauft werden darf. Nicht ohne Grund, denn da die Oberfläche bei diesem stark zerkleinerten Fleisch sehr groß ist, können sich dort schnell Keime ansiedeln und sich rasch vermehren. Deshalb sollten Sie Hack entweder direkt am Kauftag verarbeiten oder tiefgefrieren.

Kleine Hackfleischkunde

Damit Sie genau wissen, was für eine Fleischsorte Sie gerade zu Hackbällchen verarbeiten, finden Sie im Folgenden eine kurze Warenkunde zu den gängigsten Hacksorten:
Gemischtes Hack (auch **Hack halb und halb**): Es besteht zu je 50 Prozent aus Schweine- und aus Rindfleisch und ist zum Kochen und zum Braten geeignet. Es enthält maximal 30 Prozent Fett.
Tatar (auch **Beefsteakhack** oder **Schabefleisch**): Tatar wird aus fett- und sehnenfreiem Muskelfleisch des Rindes hergestellt. Es darf nicht mehr als 6 Prozent Fett enthalten. Tatar wird oft roh, mit Salz, Pfeffer und Zwiebeln gewürzt, als Brotbelag gegessen.
Rinderhack: Diese Hacksorte ist etwas gröber und fetter als Tatar und darf laut Hackfleisch-Verordnung bis zu 20 Prozent Fett enthalten. Rinderhack können Sie gut kochen und braten.

▲ Das vorbereitete Hackfleisch zu einem Laib formen und Scheiben abschneiden.

▲ Die Füllung in die Mitte der Scheibe geben.

▲ Mit Handfläche und Fingern den Teig um die Füllung herum zu einer Kugel formen.

Schweinehack: Schweinehack darf bis zu 35 Prozent Fett enthalten. Um Gerichte magerer ausfallen zu lassen, wird es meist mit Rinderhack gemischt.

Mett (auch **Hackepeter**): Mett ist grob durchgedrehtes Schweinefleisch, das relativ fett ist. Es ist bereits zubereitet, also vom Fleischer mit Gewürzen und Zwiebeln abgeschmeckt worden.

Schließlich können Sie Hackgerichte auch aus anderen Fleischsorten herstellen. In diesem Buch werden Sie ab und zu auch Kalb- oder Lammhack (z. B. bei der Kokossuppe mit Orangen auf S. 12 oder den Lammhackspießen von S. 56) in der Zutatenliste finden. Diese Hacksorten werden nicht im Supermarkt angeboten. Wenn Sie damit kochen möchten, sollten Sie bei Ihrem Fleischer einkaufen, er dreht Ihnen das entsprechende Fleisch dann frisch durch.

Geflügel- wie auch Wildfleisch darf aufgrund der Salmonellengefahr im Handel nicht als Hackfleisch verkauft werden. Aber Sie haben natürlich die Möglichkeit, Geflügel- oder Wildhack selbst herzustellen. So können Sie auch einmal in den Genuss von hausgemachten Geflügelfrikadellen kommen.

Aus dem Vorrat

Haben Sie die im Rezept angegebene Hackfleischsorte gerade nicht im Haus? – Kein Problem: Sie können alle Hackfleischsorten gegeneinander austauschen. Wird in der Zutatenliste beispielsweise 500 g gemischtes Hack angegeben, so können Sie stattdessen 500 g Schweinehack verwenden. Berücksichtigen sollten Sie allerdings den unterschiedlichen Fettgehalt der Hacksorten, was Sie durch entsprechendes Reduzieren oder Erhöhen des Bratfetts ausgleichen können. Bedenken Sie jedoch, dass bei einem Austausch der Fleischsorten der oft gewünschte geschmackliche Effekt nicht erreicht werden kann. Für orientalische Gerichte zum Beispiel wird häufig Lammhack verarbeitet, um den charakteristischen Geschmack dieser Speisen zu unterstreichen.

Hack spart Zeit

Hack eignet sich hervorragend für die schnelle Küche. Denn Gehacktes kann sofort verarbeitet werden. Das besonders Zeitsparende ist jedoch seine ausgesprochen kurze Garzeit. Selbst große Hackbraten brauchen lange nicht so viel Zeit zum Garen wie ein Rinder- oder Schweinebraten.
Noch schneller geht es natürlich mit vorbereitetem Hack wie dem Mett. Sogar das Würzen und Vermengen ist hier bereits erledigt. Für eine Brühe mit Fleischeinlage brauchen Sie das Mett nur noch zu Bällchen zu formen und in der Suppe gar ziehen zu lassen.

Preiswert und partytauglich

Hackfleisch ist preisgünstig. Sie können also eine leckere Fleischmahlzeit für Ihre ganze Familie zaubern, ohne dass dies den Geldbeutel strapaziert. Nicht zu vergessen sind in diesem Zusammenhang (Kinder-)Feste, die Sie selbst veranstalten oder zu denen Sie etwas Essbares beisteuern möchten! Mit Hackfleisch ist das kein Problem, es ist überall erhältlich, es ist nicht teuer, die Rezepte sind meist einfach und können problemlos vervielfacht werden. Ob Sie nun zum Hackbällchen Pflanzerl, Frikadelle, Fleischlaiberl, Bulette oder ganz modern Burger sagen – wir wünschen Ihnen viel Spaß beim Kochen und einen guten Appetit!

So machen Sie Ihr Hackfleisch selbst

Sie können dazu einen Fleischwolf oder die Küchenmaschine verwenden. Schneiden Sie das Fleisch in kleine Würfel und drehen Sie es dann durch den Fleischwolf. Werden eingeweichtes Weißbrot oder Brötchen für den Fleischteig mitverwendet, können Sie dieses gleich im Anschluss im Fleischwolf zerkleinern. Benutzen Sie eine Küchenmaschine oder einen Mixer, brauchen Sie einen Schneidstabeinsatz. Zerkleinern Sie die Fleischwürfel darin portionsweise. Lösen Sie immer wieder Fleisch, das unzerkleinert am Rand hängen bleibt, und starten Sie die Maschine erneut, damit Sie ein gleichmäßiges Ergebnis erzielen.

• Hackfleisch ist nicht lange haltbar

Hackfleisch hat durch das Zerkleinern eine sehr große, der Luft ausgesetzte Oberfläche. Dadurch können sich Keime darauf schnell vermehren und das Hackfleisch kann rasch verderben. Deshalb sollte Hackfleisch möglichst am Tag des Einkaufs verzehrt werden. Im Kühlschrank sollten Sie es nicht länger als 12 Stunden aufbewahren. Besonders bei Tatar, das häufig roh als Brotbelag gegessen wird, sollten Sie auf Frische achten. Wenn Sie als Bindemittel Eigelb an das Tatar geben, sollten Sie ein sehr frisches benutzen, um das Salmonellen-Risiko zu minimieren. Übrigens müssen Sie nicht zwingend ein Eigelb dazugeben; der Esslöffel Öl erfüllt die gleiche Funktion. Gegartes Hackfleisch sollten Sie im Kühlschrank nicht länger als 2 Tage lagern. Im Tiefkühlgerät hält sich Hack etwa 3 Monate.
Die Hackfleisch-Verordnung schreibt vor, dass Hackfleisch am Tag der Herstellung verkauft werden muss. Durch diese strengen Vorschriften können Sie also sicher sein, dass Sie immer frisches Hackfleisch angeboten bekommen.

Suppen, Salate, Vorspeisen

Kokossuppe mit Orangen

ZUTATEN

- 1 EL Butterschmalz
- 400 g Kalbshackfleisch
- 2–3 TL mildes Currypulver
- 1 Stange Porree
- 400 ml Milch
- 250 g Schlagsahne
- 1/2 l Gemüsebrühe
- 50 g Kokosraspel
- 2 Orangen
- Jodsalz
- 2 TL Agavendicksaft

Für 4 Personen

Zubereitungszeit: ca. 40 Min.

1 Butterschmalz erhitzen und Currypulver darin krümelig braten.

2 Porree putzen, gründlich abspülen und in etwa 1 cm dicke Ringe schneiden. Zum Hack geben und kurz mitbraten.

3 Milch, Sahne und Brühe zum Hackfleisch geben und aufkochen. Kokosraspel unterrühren und die Suppe zugedeckt bei kleinster Hitze köcheln lassen.

4 Orangen heiß abwaschen und abtrocknen. Orangen so schälen, dass die weiße Haut mit entfernt wird. Die Filets zwischen den Trennhäuten herausschneiden, Saft dabei auffangen.

5 Orangenfilets und -saft in die Suppe geben und erhitzen. Suppe mit Jodsalz und Agavendicksaft abschmecken.

Tipp

Zitrusfrüchte sollten Sie immer heiß abwaschen, um Pestizide auf der Schale zu entfernen. Hinterher gründlich die Hände waschen. Oder kaufen Sie Öko-Früchte, bei deren Anbau keine Pestizide verwendet werden.

Bunte Nudelsuppe mit Hack-Zucchini-Klößchen

ZUTATEN

Für die Klößchen

- 2 Zucchini
- 400 g gemischtes Hackfleisch
- 2 EL Semmelbrösel
- 1 Ei
- Jodsalz
- weißer Pfeffer

Für die Suppe

- 200 g beliebige Suppennudeln
- 250 g Möhren
- 1/2 Blumenkohl (etwa 300 g)
- 1,5 l Geflügelbrühe
- 150 g TK-Erbsen
- 1/2 Bund Basilikum

Für 4 Personen

Zubereitungszeit: ca. 45 Min.

1 Zucchini abspülen und putzen. Etwa 100 g auf der Rohkostreibe raspeln. Restliche Zucchini würfeln und beiseite stellen.

2 Hackfleisch, Semmelbrösel, Ei und Zucchiniraspel in eine Schüssel geben. Etwa 1/2 Teelöffel Jodsalz und eine kräftige Prise Pfeffer zugeben. Mit den Knethaken des Handrührers zu einem glatten Teig verkneten.

3 Mit feuchten Händen aus dem Teig etwa walnussgroße Klößchen formen.

4 In einem breiten Topf reichlich Salzwasser aufkochen. Klößchen hineingeben und etwa 8 Minuten gar ziehen (nicht kochen) lassen. Mit einer Schaumkelle aus dem Wasser nehmen und beiseite stellen.

5 Die Nudeln im kochenden Klößchenwasser nach Packungsanweisung bissfest kochen. Abgießen und abtropfen lassen.

6 Möhren putzen, abspülen und würfeln. Blumenkohl putzen und in kleine Röschen teilen.

7 Geflügelbrühe aufkochen. Zucchiniwürfel, Möhren und Blumenkohl zugeben und zugedeckt etwa 10 Minuten bei kleiner Hitze kochen lassen. Tiefgekühlte Erbsen in die Suppe geben und 3 Minuten mitkochen.

8 Basilikum abspülen und die Blättchen hacken. Nudeln und Klößchen in die Suppe geben und erhitzen. Suppe mit Jodsalz und Pfeffer abschmecken und mit Basilikum bestreut servieren.

Gurkentopf
mit Hackfleischklößchen

ZUTATEN

- 1 kg Salat- oder Schmorgurken
- 5 Schalotten
- 3 EL Butterschmalz
- 2 EL Mehl
- 100 g Crème fraîche
- 1/2 l Rindfleischbrühe
- 400 g Rinderhackfleisch
- 1 Ei
- 2 EL Paniermehl
- 1 TL Kräutersenf
- Jodsalz
- schwarzer Pfeffer aus der Mühle
- 3 EL Schnittlauchröllchen
- 4 EL gehackte Petersilie
- 3 EL Sojaöl

Für 4 Personen

Zubereitungszeit: ca. 45 Min.

1 Die Gurken schälen und in kleine Würfel schneiden. 4 Schalotten schälen und ebenfalls würfeln. Das Butterschmalz in einem großen Topf erhitzen, Gurken- und Schalottenwürfel darin andünsten.

2 2/3 der Gemüsemenge beiseite stellen. Den Rest mit einem Pürierstab pürieren. Das Mehl dazusieben, einrühren und das Ganze aufkochen lassen. Die Crème fraîche unterziehen und die Brühe angießen. Die Suppe mit einem Schneebesen gut verrühren, etwa 3 Minuten köcheln lassen und dann warm halten.

3 Für die Hackfleischklößchen die übrige Schalotte schälen und fein würfeln. Das Hackfleisch in einer Schüssel mit Schalottenwürfeln, Ei, Paniermehl und Senf vermengen. Die Masse mit Salz und Pfeffer würzen. Den Schnittlauch und 2/3 der Petersilie darunter mischen.

4 Aus dem Fleischteig mit nassen Händen kleine Klößchen formen. Das Öl in einer großen Pfanne erhitzen und die Hackfleischklößchen darin von allen Seiten knusprig braun braten. Mit einem Schaumlöffel herausnehmen und zusammen mit dem beiseite gestellten Gemüse in den Gurkentopf geben.

Tipp

Wenn Sie Kalorien sparen wollen, sollten Sie die Hackbällchen nicht braten, sondern in der pürierten Suppe etwa 5 Minuten garen (mehr ziehen als kochen lassen).

Maultaschensuppe

ZUTATEN

- 150 g Spinat
- 1 kleine Zwiebel
- 1 Scheibe geräucherter Speck
- 1 EL Butter
- 1 Bd. Petersilie
- 2 Scheiben Toastbrot
- 150 g gemischtes Hackfleisch
- 1 großes Ei
- Jodsalz
- Pfeffer
- Muskatnuss
- ca. 300 g Nudelteig (Fertigprodukt, Kühltheke)
- Mehl für die Arbeitsfläche
- 1 Eiweiß
- 1 1/2 l Fleischbrühe

Für 4 Personen

Zubereitungszeit: ca. 1 Std.

1 Den Spinat verlesen, waschen und die groben Stiele entfernen. Tropfnass in einen Topf geben, 2 Esslöffel Wasser zugeben, aufkochen, den Spinat kurz blanchieren, kalt abschrecken, abtropfen lassen, ausdrücken und fein hacken. Die Zwiebel schälen und fein würfeln, den Speck ebenfalls würfeln; beides in der Butter anbraten.

2 Die Petersilie waschen, trockenschütteln und hacken. 2 Esslöffel davon für die Garnitur beiseite stellen. Das Toastbrot in Wasser einweichen, gut ausdrücken und mit Hackfleisch, Spinat, Speck-Zwiebeln, Petersilie und dem Ei mischen. Mit Salz, Pfeffer und Muskat würzen.

3 Den Nudelteig auf einer bemehlten Arbeitsfläche dünn ausrollen. Mit dem Teigrädchen in Rechtecke von etwa 6 x 12 cm schneiden. Auf jedes Rechteck etwa 1 Esslöffel von der Füllung setzen. Das Eiweiß verquirlen und die Teigränder damit bestreichen. Die freien Teighälften über die Füllung klappen, die Ränder festdrücken.

4 Die Brühe in einem weiten Topf aufkochen, die Maultaschen einlegen und bei mäßiger Hitze 10–15 Minuten mehr ziehen als kochen lassen. Die Maultaschen in Brühe schwimmend servieren. Mit der Petersilie garnieren.

Tipp

Während die Maultaschen garen, noch 2 Zwiebeln in feine Ringe schneiden und in 40 g Butter goldbraun braten. Zum Servieren geben Sie die Zwiebelringe über die Maultaschen gehäuft in die Brühe. Dazu servieren Sie einen bunten Salat als kleine Vorspeise.

Kartoffelsalat mit Hackklößchen

ZUTATEN

Für den Salat

- 1 kg fest kochende Kartoffeln
- Jodsalz
- 3 Zwiebeln
- 1/2 l Gemüsebrühe
- 6 EL Apfelessig
- 1 EL körniger Senf
- schwarzer Pfeffer
- 3 EL Rapsöl

Für die Klößchen

- 2 Zweige Salbei
- 3 EL Öl
- 400 g gemischtes Hackfleisch
- 100 g Magerquark
- 1 Ei
- 1 Bund Kerbel

Für 4 Personen

Zubereitungszeit: ca. 1 Std.

1 Kartoffeln waschen und in Salzwasser in etwa 20 Minuten gar kochen.

2 Zwiebeln abziehen, quer halbieren und in dünne Ringe schneiden. Gemüsebrühe, Essig und Senf verrühren, kräftig mit Pfeffer würzen. Das Öl mit einem Schneebesen unterschlagen.

3 Kartoffeln abgießen, kurz abdämpfen lassen und pellen. Kartoffeln in Scheiben schneiden.

4 Kartoffeln und Zwiebeln mischen. Salatsauce darüber geben und abgedeckt beiseite stellen bis die Klößchen gebraten sind.

5 Salbei abspülen und trockentupfen. Blättchen quer in Streifen schneiden. 1 Esslöffel Öl erhitzen und die Blättchen darin bei mittlerer Hitze etwa 1–2 Minuten braten. (Vorsicht: Die Blättchen verbrennen schnell!) Salbei abkühlen lassen.

6 Hackfleisch, Quark und Ei verkneten. Salbei zugeben und den Teig mit Jodsalz und Pfeffer würzen.

7 Mit feuchten Händen kleine Klößchen formen und im restlichen Öl rundherum knusprig braten. Klößchen auf Küchenpapier kurz abtropfen lassen.

8 Inzwischen den Kerbel abspülen und trockenschütteln. Blättchen hacken. Kerbel und Klößchen über den Salat geben und vorsichtig untermischen.

Lauwarmer Gemüsesalat mit Hackfleischtalern

ZUTATEN

- 4 Möhren
- 2 junge Kohlrabi
- 200 g Zuckerschoten
- einige Blättchen Basilikum
- 1 1/2 Scheiben Toastbrot
- 1 Schalotte
- einige Blättchen Zitronenmelisse
- 250 g Rinderhackfleisch
- 1 kleines Ei
- Jodsalz
- Pfeffer
- 6 EL Olivenöl
- Saft von 1/2 –1 Zitrone

Für 4 Personen
Zubereitungszeit: ca. 50 Min.

1 Die Möhren waschen, putzen und schälen und in dünne Scheiben schneiden. Vom Kohlrabi die jungen Blättchen abschneiden und beiseite legen. Die Knollen schälen, vierteln oder achteln und quer in Scheiben schneiden. Die Zuckerschoten waschen, die Enden abschneiden, dabei eventuell vorhandene Fäden abziehen. Die Basilikumblättchen waschen und trockentupfen.

2 Das Toastbrot entrinden und in kaltem Wasser einweichen. Die Schalotte schälen und sehr fein hacken. Die Zitronenmelisse abspülen, trockentupfen und klein schneiden. Das Brot gut ausdrücken und mit Hackfleisch, Schalotte, Ei, Salz und Pfeffer sowie der Zitronenmelisse zu einem Teig verarbeiten. Mit nassen Händen kleine Bällchen formen, diese flach drücken.

3 4 Esslöffel Olivenöl in einer großen Pfanne erhitzen und das Gemüse darin bei schwacher Hitze unter gelegentlichem Rühren in 5–7 Minuten bissfest garen. Inzwischen in einer zweiten Pfanne das restliche Öl erhitzen und die Hackfleischtaler darin auf beiden Seiten braun braten.

4 Das Gemüse aus der Pfanne in eine Schüssel umfüllen und mit Zitronensaft, Salz und Pfeffer würzen. Auf Portionsteller verteilen, jeweils einige Hackfleischtaler darüber geben und mit den Basilikumblättchen garniert servieren.

Reissalat
mit Hackbällchen

ZUTATEN

Für die Hackbällchen

- 3 Scheiben Toastbrot
- 1 Limette
- 1 Bund Schnittlauch
- 400 g Beefsteakhack
- 3 Eigelb
- Jodsalz

Für den Reis

- weißer Pfeffer
- 200 g parboiled Vollkornreis
- gem. Koriander
- gem. Muskatblüte
- gem. Nelken
- 1 Aubergine
- 2 gelbe Paprikaschoten
- 1 Bund Lauchzwiebeln
- 4 EL Olivenöl
- 1 Bund Petersilie
- 250 g Joghurt
- 2–3 EL Orangensaft (frisch gespresst)

Für 4 Personen

Zubereitungszeit: ca. 1 Std.
Kühlzeit : ca. 30 Min.

1 Das Toastbrot einweichen. Die Limette heiß abwaschen und die Schale abreiben. Schnittlauch abspülen, trockenschütteln und in Röllchen schneiden.

2 Toastbrot ausdrücken und mit Hack, Limettenschale, Schnittlauch und Eigelben in eine Schüssel geben. Mit 1/2 Teelöffel Jodsalz und einer kräftigen Prise Pfeffer würzen. Alles zu einem glatten Teig verkneten.

3 In einem breiten Topf Salzwasser aufkochen. Mit feuchten Händen aus dem Teig etwa walnussgroße Klößchen formen. Die Hackbällchen im Salzwasser etwa 7 Minuten gar ziehen (nicht kochen!) lassen. Mit einer Schaumkelle herausnehmen und abkühlen lassen.

4 Reis nach Packungsanweisung im Salzwasser garen und mit je einer kräftigen Prise Koriander, Muskatblüte und Nelken mischen.

5 Aubergine und Paprika putzen. Aubergine würfeln, Paprika achteln und quer in etwa 1 cm dicke Stücke schneiden. Lauchzwiebeln putzen und waschen. Das Weiße eventuell längs halbieren. Lauchzwiebeln in etwa 2 cm lange Stücke schneiden.

6 Das Olivenöl erhitzen, Aubergine und Paprika darin unter Wenden 5 Minuten braten. Die Lauchzwiebeln zufügen und etwa 2 Minuten mitbraten. Salzen und pfeffern.

7 Petersilie waschen, trockenschütteln und grob hacken. Reis, Hackbällchen, Gemüse und Petersilie mischen und 30 Minuten durchziehen lassen. Den Joghurt mit Orangensaft verrühren, salzen und pfeffern. Zum Salat reichen.

Mini-**Frühlingsrollen**

ZUTATEN

- 4 getrocknete Shiitakepilze
- 2 Möhren
- 3 Frühlingszwiebeln
- 150 g ausgelöste Tiefseegarnelen
- 2 EL Zitronensaft
- etwas Cayennepfeffer
- 3/4 l Maiskeimöl
- 150 g Schweinehack
- 6 EL Sojasauce
- 1 TL Sambal Oelek
- 20 Weizenmehlblätter (etwa 16 cm Ø)
- 4 EL Pflaumensauce
- 1/2 TL gemahlener Ingwer
- 1 EL Sesamöl

Für 4 Personen

Zubereitungszeit: ca. 40 Min.
Einweichzeit: ca. 30 Min.

1 Die Shiitakepilze mit lauwarmem Wasser übergießen und etwa 30 Minuten einweichen.

2 Inzwischen Möhren und Frühlingszwiebeln putzen und waschen. Die Möhren in hauchdünne Streifen und die Frühlingszwiebeln in dünne Ringe schneiden.

3 Die Garnelen sehr fein hacken, mit Zitronensaft beträufeln und mit Cayennepfeffer bestreuen.

4 Den Wok erhitzen, 2 Esslöffel Öl hineingeben und darin das Hackfleisch in 3–5 Minuten krümelig braten. Möhren, Zwiebeln, abgetropfte Pilze sowie 2 Esslöffel Sojasauce unterrühren und alles etwa 4 Minuten unter Rühren braten. Mit 1/2 Teelöffel Sambal Oelek würzen. Zum Schluss die Garnelen unterrühren und abkühlen lassen.

5 Die Weizenmehlblätter nebeneinander legen und mit etwas Wasser besprühen oder bepinseln und einweichen lassen, bis sie formbar sind.

6 Die Fleischmischung auf die Mitte der Weizenmehlblätter verteilen. Diese seitlich einschlagen, zu festen Röllchen formen und die Ränder gut andrücken. Das restliche Öl im Wok erhitzen und darin die Röllchen portionsweise jeweils 5 Minuten frittieren. Auf Küchenkrepp abtropfen lassen.

7 Die restliche Sojasauce mit der Pflaumensauce und dem restlichen Sambal Oelek, dem Ingwer und dem Sesamöl vermischen. Die Sauce auf Schälchen verteilen, damit man die Röllchen eintauchen kann.

Lamm im Salatblatt

ZUTATEN

- je 1 rote und gelbe Paprikaschote
- 1 Bund frische Minze
- 5 Knoblauchzehen
- 2 Schalotten
- 600 g Lammhackfleisch
- etwas Salz
- etwas schwarzer Pfeffer aus der Mühle
- 2 EL Erdnussöl
- 2 EL Chiliöl
- 1/8 l Pflaumenwein
- 1 kleiner Kopf Eisbergsalat
- 4 Frühlingszwiebeln

Für 4 Personen
Zubereitungszeit: ca. 30 Min.

1 Die Paprikaschoten halbieren, von den Stielansätzen befreien, entkernen, waschen und zuerst in feine Streifen schneiden, danach würfeln.

2 Die Minze kalt abspülen, trockentupfen, die Blättchen von den Stielen zupfen und fein hacken. Knoblauch und Schalotten schälen und ebenfalls sehr fein hacken. Die vorbereiteten Zutaten, außer der Paprika, miteinander vermischen und mit Salz und Pfeffer würzen.

3 Den Wok erhitzen, je 1 Esslöffel Erdnuss- und Chiliöl hineingeben und darin die Hackfleischmischung etwa 4–5 Minuten krümelig braten. Das Fleisch herausnehmen. Den Wok wieder erhitzen, das restliche Öl hineingeben und darin die Paprikawürfel unter Rühren 2–3 Minuten braten.

4 Die Hackfleischmischung und den Pflaumenwein unterrühren und heiß werden lassen.

5 Den Salat in seine Blätter teilen, waschen und gründlich trockentupfen. Die Blätter auf die Arbeitsfläche legen, jeweils etwas Hackfleischmischung auf ein Blatt geben und dieses wie ein Säckchen zusammenfalten.

6 Die Frühlingszwiebeln putzen. Einzelne Blätter abziehen, diese 1–2 Minuten in kochendem Wasser blanchieren und die Salatsäckchen damit zubinden.

Für Wok, Pfanne und Grill

Kartoffelplätzchen mit Hackfleischfüllung

ZUTATEN

- 750 g mehlig kochende Kartoffeln
- etwas Salz
- 1 kleine Zwiebel
- 1 Bund Petersilie
- 1 EL Butter
- 250 g gemischtes Hackfleisch
- 150 g Kalbsbrät
- 2 frische Eier
- 50 g Semmelbrösel
- etwas weißer Pfeffer aus der Mühle
- 3 frische Eigelbe
- 100 g Mehl
- etwas geriebene Muskatnuss
- etwas Mehl zum Wälzen
- 6 EL Speiseöl oder 75 g Butterschmalz zum Ausbacken

Für 4 Personen

Zubereitungszeit: ca. 1 1/4 Std.

Ruhezeit: ca. 30 Min.

1 Die Kartoffeln ungeschält in leicht gesalzenem Wasser in 25–30 Minuten gar kochen.

2 Inzwischen die Zwiebel schälen und fein hacken. Die Petersilie waschen, trockentupfen, die Blättchen von den Stielen zupfen und fein hacken. Die Butter in einer Pfanne zerlassen und die Zwiebel zusammen mit der Petersilie darin weich dünsten.

3 Das Hackfleisch mit dem Kalbsbrät, der Zwiebelmischung, den Eiern und den Semmelbröseln vermischen. Die Masse mit Salz und Pfeffer kräftig abschmecken.

4 Die Kartoffeln abgießen, kurz abdämpfen lassen, pellen und noch warm durch die Kartoffelpresse drücken. In einer Schüssel die Masse mit den Eigelben und dem Mehl vermischen, damit ein formbarer Teig entsteht. Mit Salz, Pfeffer und Muskat würzen.

5 Den Kartoffelteig auf einem Stück Frischhaltefolie zu einem Rechteck flach drücken. Den Fleischteig mit nassen Händen zu einer Rolle formen; in die Mitte der Kartoffelmasse legen und durch Anheben der Folie damit umhüllen. Die Rolle fest in die Folie wickeln und etwa 30 Minuten kalt stellen.

6 Von der Rolle gut fingerdicke Scheiben abschneiden. Die Scheiben in etwas Mehl wälzen und die Kartoffelplätzchen im heißen Fett von beiden Seiten goldgelb ausbacken.

Toast mit Hackfleisch und Spiegelei

ZUTATEN

- 1 kleine Zwiebel
- 3 EL gehackte Petersilie
- Jodsalz
- Pfeffer
- 200 g gemischtes Hackfleisch
- 4 Scheiben Grahambrot
- 4 EL Öl zum Braten
- 3 Eiertomaten
- 4 Eier

Für 4 Personen

Zubereitungszeit: ca. 25 Min.

1 Die Zwiebel schälen, in feine Würfel schneiden und mit 2 Esslöffel Petersilie sowie Salz und Pfeffer unter das Hackfleisch mischen.

2 Die Brote toasten, die Hackfleischmasse darauf verstreichen. In einer Pfanne 2 Esslöffel Öl erhitzen, die Brote mit der Hackfleischmasse nach unten hineinlegen und etwa 5 Minuten braten, bis das Fleisch durchgegart und gebräunt ist.

3 In der Zwischenzeit die Tomaten waschen und in Scheiben schneiden. In einer zweiten Pfanne im restlichen Öl 4 Spiegeleier zubereiten, salzen. Die Toasts mit der Brotseite nach unten auf Teller legen, auf jeden Toast einige Tomatenscheiben geben und je 1 Ei darauf setzen. Mit der restlichen Petersilie garnieren.

Tipp

Wer's würziger oder peppiger mag, mischt noch 1 Esslöffel kleine Kapern oder eingelegte grüne Pfefferkörner unter die Hackfleischmasse.

DIBBERN

Gemüsefrikadellen mit Bratkartoffeln

ZUTATEN

- 125 g Magerquark
- 2 TL scharfer Senf
- 1 Ei
- 1 Zwiebel
- 3 Scheiben Toastbrot
- 500 g Rinderhack
- Jodsalz
- Pfeffer aus der Mühle
- 2½ rote Paprikaschoten
- 100 g Zucchini
- 3 EL Maiskörner (aus der Dose)
- 60 g Butter
- 1 kg Kartoffeln
- 70 ml Olivenöl
- 1 kleine grüne Paprikaschote
- 1 Frühlingszwiebel
- 1–2 TL edelsüßes Paprikapulver
- 2 Prisen Cayennepfeffer
- Saft und Schale einer unbehandelten Zitrone
- 2 große Bananen
- 1 kleines Bund fein geschnittene glatte Petersilie oder Koriander für die Garnitur

Für 4 Personen

Zubereitungszeit: ca. 1 Std.

1 Quark, Senf und Ei in eine Schüssel geben. Zwiebel und Toastbrot würfeln. Beides mit dem Hackfleisch, etwas Salz und Pfeffer in die Quarkmischung geben und zu einem glatten Teig verkneten.

2 Paprikaschoten und Zucchini waschen, putzen. ½ Schote und die Zucchini in sehr kleine Würfel schneiden. Mit dem Mais unter den Fleischteig kneten und Frikadellen formen. Butter in einer Pfanne erhitzen – es werden insgesamt etwa 40 g benötigt – und die Frikadellen darin auf beiden Seiten braten; warm halten.

3 Die Kartoffeln schälen, waschen und in dicke Scheiben schneiden. Etwa 5 Esslöffel Öl in einem weiten Schmortopf erhitzen, die Kartoffeln hineingeben, wenden und zugedeckt 15–20 Minuten braten, bis sie goldgelb und fast gar sind; gelegentlich wenden. Offen bei guter Hitze noch 5–10 Minuten braten, bis die Kartoffeln schön braun und knusprig sind. Mit Salz bestreuen.

4 Die restlichen Paprikaschoten in kleine Würfel schneiden. Die Frühlingszwiebel waschen, putzen und weiße und grüne Teile getrennt in feine Ringe schneiden. Die weißen Zwiebelringe mit den Paprikawürfeln im restlichen Olivenöl unter Rühren anbraten; 4 Esslöffel Wasser dazugeben. Bei geschlossenem Deckel 5–7 Minuten dünsten. Die restliche Butter unter das Gemüse ziehen und kräftig mit Salz, Paprika, Pfeffer, Zitronenschale und Zitronensaft abschmecken.

5 Die Sauce mit dem Mixstab pürieren. Die Bananen schälen, in kleine Würfel schneiden und unter die Sauce heben. Die Sauce zu den Frikadellen servieren und alles mit den grünen Zwiebelringen garnieren.

Hackfleisch-Mais-Taler
mit süßscharfer Sauce

ZUTATEN

Für die Taler

- 2 Brötchen vom Vortag
- 2 Lauchzwiebeln
- 1 Bund Petersilie
- 400 g Schweinehackfleisch
- 1 Dose Maiskörner (Abtropfgewicht 150 g)
- 1 Ei
- Jodsalz
- weißer Pfeffer
- 4 EL Sonnenblumenöl

Für die Sauce

- 1 Orange
- 2–3 EL Zitronensaft
- 300 g saure Sahne
- 6 EL Tomatenketchup
- 2 EL süßscharfe Chilisauce

Für 4 Personen

Zubereitungszeit: ca. 30 Min.

1 Beide Brötchen in eine Schüssel geben und in lauwarmem Wasser einweichen.

2 Lauchzwiebeln putzen, waschen und in Ringe schneiden. Petersilie abspülen und trockenschütteln. Die Blättchen hacken. Mais abtropfen lassen.

3 Brötchen gut ausdrücken und zerpflücken. Brötchen, Lauchzwiebeln, Petersilie und Mais mischen. Hackfleisch und Ei zugeben und mit Jodsalz und Pfeffer würzen. Alles mit den Händen zu einem Teig verkneten.

4 Teig in zwei Portionen teilen und jeweils zu einer Rolle formen. Rollen jeweils in 6 Stücke teilen und jedes Stück zu einem Taler formen.

5 Das Öl in einer Pfanne erhitzen und die Taler darin portionsweise bei mittlerer Hitze auf jeder Seite etwa 5 Minuten braten.

6 Inzwischen die Orange auspressen. Orangen- und Zitronensaft, saure Sahne, Ketchup und Chilisauce verrühren. Die Sauce zu den Hackfleisch-Mais-Talern reichen.

Hackfleischpfanne
mit Chinakohl

ZUTATEN

- 2 Knoblauchzehen
- 2 rote Paprikaschoten
- 4 Frühlingszwiebeln
- 1 Chinakohl (400 g)
- 4 EL Öl
- 400 g gemischtes Hackfleisch
- 6 EL Sojasauce
- etwas Salz
- etwas Cayennepfeffer
- 1/2 Bund Koriander, ersatzweise Petersilie

Für 4 Personen
Zubereitungszeit: ca. 20 Min.

1 Den Knoblauch schälen und fein würfeln. Die Paprikaschoten putzen, vierteln, entkernen, waschen und dann grob würfeln. Die Frühlingszwiebeln putzen, waschen und in schräge Röllchen schneiden. Anschließend den Chinakohl zerteilen, putzen, waschen und in etwa 2 cm breite Streifen schneiden.

2 Den Wok erhitzen. Das Öl hineingeben und sehr heiß werden lassen. Das Hackfleisch darin unter Rühren etwa 5 Minuten braun anbraten.

3 Knoblauch, Paprika und die weißen Zwiebelröllchen hinzufügen und unter Rühren einige Minuten mitbraten. Zuletzt die Kohlstreifen und das Grün der Frühlingszwiebeln untermischen und noch 2 Minuten braten. Mit Sojasauce, Salz und Cayennepfeffer würzen.

4 Den Koriander oder die Petersilie waschen und trockentupfen. Die Korianderblättchen nach Belieben ganz lassen. Die Petersilie fein schneiden. Vor dem Servieren über das Gericht streuen.

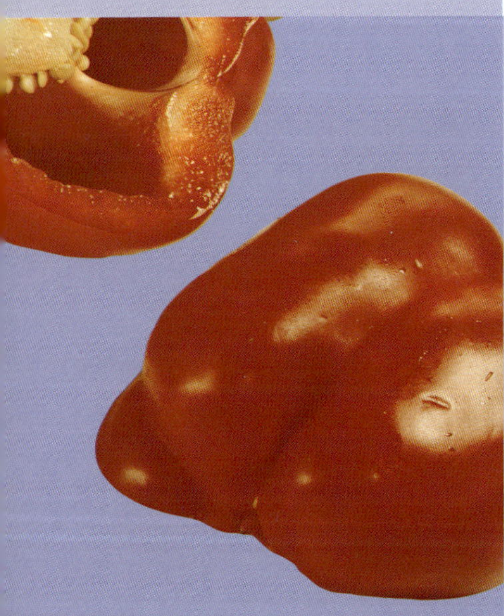

Tipp

Wenn Sie es einmal sehr eilig haben, können Sie auch Gemüse aus der Tiefkühltruhe nehmen. Sehr gut eignen sich TK-Frühlingsgemüse oder eine asiatische TK-Gemüsemischung. Geben Sie das Gemüse unaufgetaut in den Wok und dünsten Sie es bei mittlerer Hitze, sodass das Gemüse auftauen und garen kann. Zuvor gebratenes Fleisch zuletzt wieder dazugeben.

Gefüllte Frikadellen mit Möhrensauce

ZUTATEN

Für die Kräuterfüllung

- 50 g Sonnenblumenkerne
- 1 Bund Basilikum
- 1 Bund Petersilie
- 1 Knoblauchzehe
- 40 g Parmesan (frisch gerieben)
- 3 EL Sonnenblumenöl

Für die Frikadellen

- 400 g gemischtes Hackfleisch
- 75 g Semmelbrösel
- 1 TL Senf
- 1 Ei
- Jodsalz und weißer Pfeffer
- 2 EL Sonnenblumenöl

Für die Möhrensauce

- 500 g Möhren
- 40 g Butter
- 200 ml Gemüsebrühe
- 3 EL Sahne
- Cayennepfeffer

Für 4 Personen

Zubereitungszeit: ca. 45 Min.

1 Für die Kräuterfüllung die Sonnenblumenkerne in einer Pfanne ohne Fett unter Rühren hellbraun rösten und im Mixer fein zerkleinern.

2 Basilikum und Petersilie waschen und trockenschütteln. Blättchen fein hacken und zu den Sonnenblumenkernen geben. Knoblauch abziehen und dazupressen. Parmesan und Sonnenblumenöl zugeben und alles gut mischen.

3 Für die Frikadellen Hack, Semmelbrösel, Senf und Ei verkneten und mit Salz und Pfeffer abschmecken.

4 Aus dem Fleischteig einen Laib formen und 8 Scheiben abschneiden. Die Kräuterfüllung in die Mitte geben und den Fleischteig um die Füllung herum formen. Die Frikadellen im heißen Öl etwa 12 Minuten braten.

5 Für die Sauce die Möhren schälen, waschen und in Scheiben schneiden. Butter in einem Topf zerlassen und die Möhren darin andünsten. Mit Gemüsebrühe auffüllen und im geschlossenen Topf bei mittlerer Hitze etwa 15 Minuten weich garen.

6 Möhren mit dem Schneidstab des Handrührers pürieren. Sahne zugeben und die Sauce mit Salz und Cayennepfeffer abschmecken. Die Sauce zu den Frikadellen servieren.

SABRE

Hackfleisch-Gemüse-Pfanne

ZUTATEN

- 2 Schalotten
- 1 Bd. junge Möhren
- 200 g Zuckerschoten
- 3 EL Öl
- 400 g Hackfleisch
- 150 ml heißes Wasser
- 1 TL gekörnte Gemüsebrühe
- 1/2 TL Jodsalz
- Pfeffer
- 1/2 TL Thymian
- 5 EL Tomatenketchup

Für 4 Personen

Zubereitungszeit: ca. 40 Min.

1 Die Schalotten schälen und in Würfel schneiden. Die Möhren gut waschen und bürsten. In dünne Scheiben schneiden. Die Zuckerschoten waschen und nach Belieben quer halbieren.

2 Das Öl in einer Pfanne erhitzen. Die Zwiebeln darin bei mittlerer Hitze unter Rühren glasig braten. Das Hackfleisch dazugeben und unter häufigem Wenden anbraten. Die Möhren und die Zuckerschoten in die Pfanne geben und unter Wenden anbraten, bis die Schoten wachsgrün sind.

3 Das Wasser angießen und die gekörnte Brühe unterrühren. Den Pfanneninhalt mit Salz, etwas Pfeffer und dem Thymian würzen. Deckel auf die Pfanne legen und alles 5 Minuten kochen lassen. Zuletzt das Ketchup unter das Hackfleisch rühren und servieren. Als Beilage passen frisches Stangenweißbrot, Bandnudeln, Reis oder Kartoffelpüree.

Tipp

Frische Zuckerschoten können Sie am besten in der Zeit von Juni bis August kaufen. Wenn Sie keine bekommen, ersetzen Sie die Schoten durch Erbsen oder grüne Bohnen.

Pfannkuchentorte

ZUTATEN

Für die Pfannkuchen

- 200 g Weizenvollkornmehl
- Jodsalz
- 4 Eier
- Öl zum Backen

Für die Füllung

- 1 Zwiebel
- 1 Knoblauchzehe
- 2 EL Öl
- 300 g gemischtes Hackfleisch
- 600 g Pizzatomaten (aus der Dose)
- 250 g Mozzarella
- weißer Pfeffer

Für 4 Personen

Zubereitungszeit: ca. 1,5 Std.

1 Das Mehl, ½ Teelöffel Jodsalz und ½ l Wasser verrühren. Zugedeckt etwa 30 Minuten quellen lassen.

2 Inzwischen die Zwiebel und den Knoblauch abziehen. Die Zwiebel fein würfeln.

3 Öl erhitzen. Zwiebel und Hack darin krümelig braten. Pizzatomaten zugeben, Knoblauch dazu pressen. Aufkochen und bei kleiner Hitze offen etwa 10 Minuten gerade eben kochen lassen.

4 Inzwischen den Mozzarella trockentupfen und in kleine Würfel schneiden. Hackfleischsauce mit Jodsalz und Pfeffer abschmecken, beiseite stellen.

5 Die Eier unter den Pfannkuchenteig rühren. 2 Esslöffel Öl erhitzen. Teig portionsweise zugeben und nacheinander etwa 10 dünne Pfannkuchen backen. Nach jedem Pfannkuchen wieder etwas Öl in die Pfanne geben.

6 Backofen auf 175 °C (Umluft 150 °C, Gas Stufe 2–3) vorheizen. Einen Pfannkuchen auf einen ofenfesten Teller (oder eine Platte) geben. Etwas Hackfleischsauce darauf verteilen und mit Mozzarella bestreuen.

7 Einen weiteren Pfannkuchen darauf legen. Füllung und Käse darauf verteilen und so verfahren, bis Pfannkuchen und Füllung aufgebraucht sind.

8 Den Pfannkuchenturm im heißen Backofen etwa 15 Minuten backen. In Stücke schneiden und servieren.

Türkische Kartoffel-Hackfleisch-Pfanne

ZUTATEN

- 600 g fest kochende Kartoffeln
- 400 g Spinat
- etwas Salz
- 1 Zwiebel
- 2 EL Speiseöl
- 400 g gemischtes Hackfleisch
- 2 TL Tomatenmark
- etwas schwarzer Pfeffer aus der Mühle
- etwas gemahlener Kreuzkümmel
- 200 g weicher Schafskäse
- 2 EL Butterschmalz
- 1 TL Mehl
- 200 g saure Sahne
- 1 TL Zitronensaft
- 1 Bund frische Minze

Für 4 Personen
Zubereitungszeit: ca. 1 Std.

1 Die Kartoffeln waschen und ungeschält in wenig Wasser zugedeckt in 25 – 30 Minuten gar kochen. Inzwischen den Spinat verlesen, putzen, waschen und in kochendem Salzwasser blanchieren. Kalt abschrecken und gut abtropfen lassen. Die Zwiebel abziehen und fein hacken.

2 Das Öl in einer Pfanne erhitzen, die Zwiebel darin anbraten. Das Hackfleisch zugeben und bröselig braten. Das Tomatenmark unterrühren und alles mit Salz, Pfeffer und Kreuzkümmel würzen.

3 Die Kartoffeln abgießen, pellen und kurz abkühlen lassen. Den Schafskäse mit den Fingern zerkrümeln und die Kartoffeln in dünne Scheiben schneiden.

4 Die Kartoffeln in 2 Portionen in je 1 Esslöffel Butterschmalz in einer tiefen beschichteten Pfanne knusprig braten. Alle Kartoffeln mit dem Spinat, dem Hackfleisch und dem Schafskäse vermischen. Das Mehl mit der sauren Sahne glatt rühren und locker unter die Kartoffeln ziehen. Alles nochmals kurz erhitzen und mit Salz, Pfeffer und Zitronensaft abschmecken. Die Minzeblättchen fein hacken und darüber streuen.

Tipp

Dazu passt besonders gut Gurkensalat, den Sie statt traditionell mit Dill auch einmal mit frischer Minze und Kreuzkümmel würzen können.

Lammfrikadellen
auf Currylauch

ZUTATEN

Für die Frikadellen

- 100 g rote Linsen
- Jodsalz
- 3 Lauchzwiebeln
- 2 Knoblauchzehen
- 400 g Lammhackfleisch
- 2 EL Semmelbrösel
- 1 Ei
- 2 EL Tomatenmark
- 2 EL Joghurt
- 1/2 TL Paprikapulver edelsüß
- Cayennepfeffer
- 3 EL Butterschmalz

Für den Currylauch

- 4 Stangen Porree (etwa 750 g)
- 2–3 TL mildes Currypulver
- 125 ml Geflügelbrühe
- 200 g Schlagsahne
- 40 g Cashewnusskerne (geröstet und gesalzen)

Für 4 Personen

Zubereitungszeit: ca. 1 Std.

1 Linsen in reichlich Salzwasser etwa 6–8 Minuten gerade eben kochen lassen. Auf ein Sieb abschütten, kalt abbrausen und abtropfen lassen. Die Lauchzwiebeln putzen, waschen und in feine Ringe schneiden. Knoblauch abziehen.

2 Lammhack, Semmelbrösel, Ei, Tomatenmark und Joghurt in eine Schüssel geben. Lauchzwiebeln und Linsen zugeben. Knoblauch dazupressen.

3 Paprikapulver, 1/2 Teelöffel Jodsalz und eine kräftige Prise Cayennepfeffer zum Hack geben. Alles zu einem Teig verkneten. Aus dem Teig 8 Frikadellen formen.

4 Backofen auf 100 °C (Umluft 80 °C, Gas Stufe 1–2) vorheizen. Ein Backblech mit Küchenkrepp auslegen.

5 2 Esslöffel Butterschmalz erhitzen und die Frikadellen auf jeder Seite etwa 6 Minuten braten. Frikadellen auf dem Blech im Ofen warm halten.

6 Porree putzen, gründlich waschen und in etwa 1 cm dicke Ringe schneiden. Restliches Butterschmalz in die Pfanne geben und erhitzen.

7 Porreeringe zugeben und unter Wenden andünsten. Mit Currypulver bestäuben, Brühe zugeben und salzen. Zugedeckt bei mittlerer Hitze etwa 5 Minuten dünsten. Sahne zugießen und offen weitere 5 Minuten köcheln lassen.

8 Cashewnüsse grob hacken und über den Currylauch streuen. Mit den Frikadellen servieren. Dazu passen Salzkartoffeln.

Hackfleisch auf chinesische Art

ZUTATEN

- 250 g Schweinehackfleisch
- 2 EL Sojasauce
- 1 EL Worcestersauce
- Jodsalz
- 4 EL neutrales Öl
- 3 Lauchzwiebeln
- 1 rote Paprikaschote
- 1 kleine Knoblauchzehe
- 2 EL Erdnussmus
- 200 ml Hühnerbrühe
- 250 g dünne Eiernudeln
- etwas schwarzer Pfeffer aus der Mühle

Für 4 Personen

Zubereitungszeit: ca. 35 Min.

1 Hackfleisch, Sojasauce, Worcestersauce und etwas Salz in einer Schüssel mischen. 2 Esslöffel Öl in einer Pfanne oder im Wok erhitzen und das Fleisch darin krümelig braten. Herausnehmen und beiseite stellen.

2 Die Lauchzwiebeln putzen, abspülen und in feine Ringe schneiden. 2 Esslöffel davon für die Garnitur zurückbehalten. Die Paprikaschote putzen, waschen und in dünne kurze Streifen schneiden. Den Knoblauch schälen. 2 Esslöffel Öl in einer Pfanne oder im Wok erhitzen und das Gemüse mit der durchgepressten Knoblauchzehe darin etwa 1 Minute garen. Das Erdnussmus unterrühren.

3 Die Hühnerbrühe zugießen, aufkochen und etwa 5 Minuten einkochen lassen. Das Hackfleisch unterrühren und bei schwacher Hitze etwa 1 Minute weiterkochen. Warm halten.

4 Die Nudeln in reichlich Salzwasser nach Packungsanweisung bissfest garen, gut abtropfen lassen und in 4 kleine Schüsseln füllen. Die Sauce über die Nudeln verteilen und nach Belieben mit Pfeffer bestreuen. Mit den übrigen Lauchzwiebeln bestreuen.

Tipp

Hackfleischsaucen sind wie geschaffen dafür, in der Tiefkühltruhe auf ihren Einsatz zu warten. Bereiten Sie reichlich von dieser exotisch angehauchten Version einer Nudelsauce zu und gefrieren Sie sie portionsweise ein.

Cevapcici vom Grill mit Tomatenreis

ZUTATEN

Für die Cevapcici

- 4 Zwiebeln
- 2 Knoblauchzehen
- 400 g Schweinehackfleisch
- 1 Ei
- 1 EL Paprikapulver edelsüß
- 1/2 –1 TL Paprikapulver rosenscharf
- Jodsalz
- schwarzer Pfeffer

Für den Reis

- 2 EL Öl
- 150 g Langkornreis
- 250 ml Brühe
- 225 g Tomatenpüree
- 150 g TK-Erbsen

Für 4 Personen

Zubereitungszeit: ca. 1 Std.

1 Zwiebeln und Knoblauch abziehen. Zwiebeln fein würfeln. Hackfleisch, Ei und etwa 2/3 der Zwiebeln in eine Schüssel geben. Knoblauch dazupressen, beide Paprikapulver, 1 Teelöffel Jodsalz und eine kräftige Prise schwarzen Pfeffer zugeben.

3 Alles mit den Knethaken des Handrührers zu einem glatten Teig verarbeiten. Mit feuchten Händen zu daumendicken, etwa 4 cm langen Hackwürstchen formen. Abgedeckt beiseite stellen.

5 Inzwischen die restlichen Zwiebelwürfel in 2 Esslöffel Öl anbraten. Reis zugeben und kurz mitbraten. Brühe und passierte Tomaten zugeben, salzen und pfeffern. Zugedeckt bei kleinster Hitze 15 Minuten garen. Den Backofengrill vorheizen.

6 Erbsen unter den Reis mischen und zugedeckt auf der ausgeschalteten Kochplatte ziehen lassen.

7 Cevapcici auf dem Rost des Backofens unter dem heißen Backofengrill etwa 10 Minuten grillen, dabei mehrmals wenden. Mit dem Reis servieren.

Tipp

Reichen Sie zu den Cevapcici einen Eisbergsalat mit Gurken, Tomaten, Schafskäse und roten Zwiebelringen. Wenn Ihre Familie Oliven mag, mischen Sie 100 g davon unter den Salat.

Lammhackspieße
mit Safran-Mandel-Reis

ZUTATEN

- 1 kleine Knoblauchzehe
- 400 g Lammhackfleisch
- 2 TL Paniermehl
- 1 großes Ei
- 2 EL Korinthen
- 1 Msp. Koriander
- 1 Msp. Piment
- 1 Msp. Kreuzkümmel
- Jodsalz
- etwas schwarzer Pfeffer aus der Mühle
- 250 g Basmatireis
- 1 Msp. Safranfäden
- 80 g Butter
- 2 EL Olivenöl
- einige Zweige frische Zitronenmelisse
- 80 g Mandelblättchen

Für 4 Personen

Zubereitungszeit: ca. 50 Min.

1 Den Knoblauch schälen und fein hacken oder zerdrücken. Das Hackfleisch mit Paniermehl, Ei, Korinthen, Knoblauch und den Gewürzen vermengen. Mit Salz und Pfeffer würzen. Aus der Masse kleine Bällchen formen und auf Holzspießchen stecken.

2 Den Reis als Quellreis zubereiten. Dazu pro Tasse Reis 2 Tassen Wasser rechnen. Das Wasser leicht salzen, den Safran hineingeben, aufkochen und den Reis darin 12–15 Minuten bei geschlossenem Deckel schwach kochen lassen. Am Ende der Garzeit sollte der Reis das gesamte Wasser aufgenommen haben.

3 Etwas Butter und Öl in einer Pfanne erhitzen, die Lammspießchen darin portionsweise unter Wenden auf allen Seiten goldbraun braten, herausnehmen und zugedeckt warm halten.

4 Die Zitronenmelisse waschen, die Blättchen abzupfen und fein schneiden. Die Mandelblättchen in der Pfanne (ohne weitere Fettzugabe) kurz unter Wenden hellbraun anrösten. Spießchen und Reis auf 4 Tellern anrichten, mit den Mandelblättchen und der fein geschnittenen Zitronenmelisse garnieren.

Tipp

Wenn Sie einen Ofen mit Grill besitzen, können Sie die Spieße – alle auf einmal – auch prima unter dem Elektrogrill grillen. Bestreichen Sie die Spieße gut mit neutralem Pfanzenöl und grillen Sie sie auf einem gefetteten Blech von jeder Seite 7–8 Minuten.

Hamburger mit Grillgemüse

ZUTATEN

- 2 kleine rote Paprikaschoten
- 2 kleine Zucchini
- Saft von 1 Zitrone
- Öl zum Bestreichen
- 4 feste Tomaten
- 80 g Bergkäse
- Jodsalz
- Pfeffer
- 1 EL fein gehackter Oregano
- 1 Zwiebel
- 1 EL Butter
- 500 g Rinderhackfleisch
- 4 EL Paniermehl
- 2 EL Senf
- 4 EL Tomatenketchup
- 250 g Salatgurke
- 8 Salatblätter
- 4 Hamburgerbrötchen
- 2 EL Salatmayonnaise

Für 4 Personen

Zubereitungszeit: ca. 50 Min.
Ruhezeit: ca. 30 Min.

1 Die Paprikaschoten waschen, halbieren, putzen und seitlich einige Male einschneiden. Die Zucchini längs halbieren. Beide Gemüse innen mit Zitronensaft beträufeln und 30 Minuten durchziehen lassen. Dann trockentupfen und mit Öl bestreichen. Die Tomaten quer halbieren. Die Hälfte des Käses in feine Streifen schneiden, den Rest fein reiben. Die Tomaten mit den Käsestreifen belegen, leicht salzen und pfeffern, mit etwas Oregano bestreuen. In geölte Alufolie wickeln.

2 Die Zwiebel schälen und hacken. In der Butter glasig braten. Hackfleisch, Zwiebeln, Paniermehl, 1 Esslöffel Senf, Ketchup, etwas Salz und Pfeffer gut vermengen. Den Hackfleischteig mit nassen Händen zu 4 gleich großen Kugeln formen und flachdrücken.

3 Die Hamburger auf dem heißen Grill beidseitig etwa 8 Minuten grillen. Auf dem geölten Rost die Paprikaschoten mit der Hautseite zur Hitzequelle – aber nicht zu nahe – in etwa 8 Minuten ohne Wenden weich grillen, innen leicht salzen. Die Zucchinischeiben auf jeder Seite vorsichtig etwa 4 Minuten grillen, leicht salzen, mit dem geriebenen Käse bestreuen und nochmals grillen, bis dieser zerlaufen ist. Die eingewickelten Tomaten etwa 8 Minuten ohne Wenden grillen.

4 Gurke waschen und in Scheiben schneiden. Salatblätter waschen und trocknen. Die Brötchen halbieren und mit der Schnittfläche nach unten 2–3 Minuten auf den Grill legen. Mayonnaise und restlichen Senf verrühren und alle Brötchenhälften dünn damit bestreichen. Die unteren Brötchenhälften mit Salatblättern und Gurkenscheiben belegen. Die Hamburger darauf legen. Mit dem gegrillten Gemüse servieren.

Aus dem Ofen

Lasagne mit Apfel-Hack-Füllung

ZUTATEN

- 1 Zwiebel
- 2 Stangen Staudensellerie
- 100 g durchwachsener Speck
- 2 EL Öl
- 400 g gemischtes Hackfleisch
- 2 EL gehackte frische Kräuter (z. B. Petersilie, Majoran), alternativ getrocknete (z. B. Salbei, Rosmarin, Majoran)
- 100 ml Apfelsaft
- etwas gekörnte Brühe
- 500 g Tomaten aus der Dose (ohne Saft)
- Jodsalz
- Pfeffer
- 3 große säuerliche Äpfel, z. B. Boskop
- 3/4 l Béchamelsauce (Fertigprodukt)
- 12 Lasagneblätter (vorgekocht)
- 150 g Mozzarella
- 100 g geriebener Gratinkäse
- Butterflöckchen

Für 4 Personen

Zubereitungszeit: ca. 1,5 Std.

1 Für die Füllung die Zwiebel schälen, den Sellerie waschen und putzen. Zwiebel, Sellerie und Speck fein würfeln.

2 Den Speck im Öl knusprig braten. Zwiebel und den Sellerie zugeben und kurz durchdünsten. Das Hackfleisch hinzufügen und unter Rühren braten, bis es krümelig ist.

3 Die Kräuter, den Apfelsaft, die gekörnte Brühe und die Tomaten hinzufügen, mit Salz und Pfeffer würzen und etwa 20 Minuten im offenen Topf unter gelegentlichem Rühren köcheln und dabei eindicken lassen.

4 Die Äpfel schälen, vierteln, Stiel, Blütenansatz und Kerngehäuse entfernen und das Fruchtfleisch in Scheiben schneiden.

5 Den Backofen auf 200 °C (Umluft 170 °C, Gas Stufe 3) vorheizen. Eine Auflaufform mit etwas Béchamelsauce ausgießen und mit 4 vorgekochten Lasagneblättern auskleiden. Die Hälfte der Apfelscheiben darauf geben, dann die Hälfte der Hackfleischfüllung darauf verteilen, mit Sauce übergießen. Noch einmal Lasagneblätter, Apfelscheiben, Füllung und Sauce darüber geben, mit den restlichen Lasagneblättern abschließen.

6 Mozzarella in Scheiben schneiden, zusammen mit dem geriebenen Käse und mit Butterflöckchen auf den Nudelblättern verteilen. Die Lasagne im Backofen etwa 40 Minuten überbacken, bis sie eine goldbraune Kruste hat.

Hacklaibchen mit Ei

ZUTATEN

- 2 Zwiebeln
- 50 g Butter
- 1 Bd. Petersilie
- 1 altbackenes Brötchen
- 375 g Hackfleisch aus 250 g Schweinefleisch und 125 g Kalbfleisch
- 1 großes rohes Ei + 3 hart gekochte Eier
- Jodsalz
- Pfeffer
- etwas getrockneter Majoran
- 1 Prise gemahlener Koriander
- etwas fein abgeriebene Zitronenschale
- 1 Bd. Suppengemüse
- Paniermehl
- einige Stücke Brotrinde
- 4 EL Crème fraîche

Für 4 Personen

Zubereitungszeit: ca. 50 Min.
Backzeit: ca. 50 Min.

1 1 Zwiebel schälen, fein hacken und in 1 EL Butter glasig dünsten. Die Petersilie waschen, trockenschütteln und fein hacken. Das Brötchen in Wasser einweichen.

2 Das Brötchen gut ausdrücken. Das Hackfleisch mit Brötchen, Zwiebel, Petersilie, rohem Ei, Salz, Pfeffer, Majoran, Koriander und Zitronenschale gut durcharbeiten. Abschmecken.

3 Die gekochten Eier pellen. Den Fleischteig in 3 Portionen teilen und jede mit nassen Händen zu einem länglichen, glatten Wecken formen, dabei jeweils 1 Ei einhüllen.

4 Den Backofen auf 240 °C (Umluft 200 °C, Gas Stufe 4–5) vorheizen. Die restliche Butter in einen Bräter geben und im Ofen heiß werden lassen. Von der übrigen Zwiebel nur die äußerste Schalen abnehmen, die Zwiebel vierteln. Das Suppengemüse putzen und grob zerkleinern.

5 Die Fleischwecken in Paniermehl wenden und in das heiße Fett setzen. Das Gemüse und die Brotrinden zugeben und die Hackfleischwecken etwa 50 Minuten braten, dabei mehrmals mit dem Bratfett übergießen. Den Braten vorsichtig aus dem Bräter nehmen und warm stellen.

6 Den Bratensatz mit etwas Flüssigkeit loskochen. Die Sauce durch ein Sieb streichen und mit der Crème fraîche verfeinern. Mit Salz und Pfeffer abschmecken. Den Hackbraten in Scheiben geschnitten mit der Sauce servieren.

Gratinierte Nudelnester mit Linsenbolognese

ZUTATEN

- 500 g Spaghetti
- etwas Salz
- 3 EL Sonnenblumenöl
- 1 Zwiebel
- 1 Knoblauchzehe
- 1 grüne Paprikaschote
- 12 Cocktailtomaten
- 400 g Rinderhack
- 1 Packung passierte Tomaten (500 g)
- 100 g rote Linsen
- etwas Pfeffer aus der Mühle
- 1 TL Paprikapulver edelsüß
- 1–2 Spritzer Tabasco
- 150 g frisch geriebener mittelalter Gouda
- 2–3 Zweige Basilikum

Für 4 Personen

Zubereitungszeit: ca. 45 Min.
Backzeit: ca. 20 Min.

1 Die Spaghetti in viel Salzwasser nach Packungsanleitung bissfest garen. In ein Sieb gießen und kalt abschrecken. Die Nudeln zurück in den Topf geben und 1 Esslöffel Öl untermischen, damit die Spaghetti nicht so stark aneinander kleben.

2 Die Zwiebel und den Knoblauch schälen und fein würfeln. Die Paprikaschote waschen, putzen und in kleine Würfel schneiden. Dann die Cocktailtomaten waschen, halbieren und die Stielansätze herausschneiden.

3 In einer Pfanne 1 Esslöffel Öl erhitzen. Die Zwiebel mit dem Knoblauch darin glasig braten. Das Hackfleisch hinzufügen und unter Rühren so lange braten, bis es krümelig ist. Die passierten Tomaten, Paprikawürfel und Linsen dazugeben. Alles zugedeckt etwa 10 Minuten garen und mit Salz, Pfeffer, Paprikapulver und Tabasco abschmecken.

4 Inzwischen den Backofen auf 200 °C (Umluft 170 °C; Gas Stufe 3) vorheizen und eine Gratinform (etwa 40 cm lang) mit 1 Esslöffel Öl einfetten. Die Spaghetti mit einer Gabel zu etwa 20 Nestern aufdrehen und dicht nebeneinander in die Form setzen. Die Hackfleischsauce vorsichtig in und um die Nester gießen. In jedes Spaghettinest eine Cocktailtomatenhälfte setzen und das Gratin mit dem Gouda bestreuen. Auf mittlerer Schiene etwa 20 Minuten backen.

5 Das Basilikum waschen und trockentupfen. Die Blättchen von den Stielen zupfen und in feine Streifen schneiden. Die Basilikumstreifen auf die überbackenen Nudelnester streuen.

Mangold-Hack-Schichtspeise

ZUTATEN

- 1 kg Mangold
- 1 Bd. Suppengrün
- 1 Schalotte
- 60 g Butter und Butter für die Form
- Jodsalz
- grob gemahlener Pfeffer aus der Mühle
- frisch geriebene Muskatnuss
- 1 altbackenes Brötchen
- 1/8 l lauwarme Milch
- 1 Schalotte
- 1 Bd. Schnittlauch
- 250 g Rinderhackfleisch
- 250 g rohe Kalbsbratwurst (grob)
- 1 Ei
- Jodsalz
- Pfeffer
- Muskat
- 4 dünne Scheiben Frühstücksspeck

Für 4 Personen

Zubereitungszeit: ca. 1 Std.
Backzeit: ca. 1 Std.

1 Mangold waschen, putzen und trockenschütteln. Die Stiele abschneiden und quer in schmale Streifen schneiden. Die Blätter beiseite legen. Suppengrün putzen, waschen und klein schneiden. Die Schalotten schälen und fein hacken.

2 40 g Butter erhitzen. Suppengrün und Schalotte darin 5 Minuten schmoren, die Mangoldstielstreifen dazugeben und alles weitere 5 Minuten dünsten. Mit Salz, Pfeffer und Muskatnuss würzen. Abkühlen lassen.

3 Das Brötchen grob würfeln. Milch erhitzen und über die Brötchenwürfel geben. 10 Minuten durchziehen lassen. Schalotte schälen und würfeln. Schnittlauch abbrausen, trockenschütteln und in feine Röllchen schneiden.

4 Hack, Kalbsbrät, Ei, ausgedrücktes Brötchen, Schalotte und Schnittlauch (bis auf einen Rest zum Garnieren) zu einem Fleischteig verarbeiten. Mit Salz, Pfeffer und Muskat kräftig würzen. Die Mangoldstiele untermischen.

5 Den Backofen auf 200 °C (Umluft 170 °C; Gas Stufe 3) vorheizen. Eine Auflaufform mit Butter ausstreichen. Mit der Hälfte der Mangoldblätter auslegen. Die Hackmasse darauf geben und mit den restlichen Mangoldblättern belegen. Den Speck in Streifen schneiden und mit der restlichen Butter in Flöckchen darauf geben. Mit Paniermehl bestreuen. Die Schichtspeise im vorgeheizten Backofen etwa 1 Stunde garen. (Eventuell mit Alufolie abdecken, damit die oberste Schicht nicht verbrennt.) Mit dem übrigen Schnittlauch bestreut servieren.

Gefüllte Paprika

ZUTATEN

- 4 große rote Paprikaschoten
- 1 Zwiebel
- 1 Knoblauchzehe
- 2 EL Olivenöl
- 100 g Risottoreis
- 250 g Lammhack
- 100 ml Rinderbrühe
- 1 Tetrapack passierte Tomaten (500 g)
- etwas Salz
- etwas schwarzer Pfeffer aus der Mühle
- 1/2 TL Rosenpaprika
- 1 TL Kräuter der Provence
- 100 g Schafskäse
- 200 g Mais (aus der Dose)
- 50 g frisch geriebener Pecorino

Für 4 Personen
Zubereitungszeit: ca. 45 Min.
Backzeit: ca. 40 Min.

1 Die Paprikaschoten waschen, trockentupfen, längs halbieren und putzen.

2 Die Zwiebel und die Knoblauchzehe schälen und fein hacken. Das Olivenöl in einer beschichteten hohen Pfanne erhitzen und darin die Zwiebel mit dem Knoblauch glasig braten. Den Reis hinzufügen und anschwitzen. Das Hackfleisch dazugeben und so lange braten, bis es krümelig ist.

3 Die Brühe und etwa die Hälfte der passierten Tomaten dazugießen. Alles mit Salz, Pfeffer und Paprikapulver sowie den Kräutern würzen und zugedeckt etwa 10 Minuten kochen lassen. Den Schafskäse fein würfeln und mit dem Mais in die Hackfleischmasse geben. Alles etwas einkochen lassen.

4 Den Backofen auf 200 °C (Umluft 170 °C; Gas Stufe 3) vorheizen und die restlichen passierten Tomaten in eine flache Auflaufform (etwa 30 cm lang) einfüllen. Die Tomaten salzen und pfeffern. Die Hackfleischmasse in die Paprikahälften füllen und diese dicht nebeneinander in die Tomatensauce setzen. Die gefüllten Schoten mit dem Pecorino bestreuen und alles auf mittlerer Schiene etwa 40 Minuten backen.

Polenta-Auflauf
mit Hackfleischsauce

ZUTATEN

Für die Polenta

- Jodsalz
- 200 g Maisgrieß (Polenta)
- 50 g Parmesan (frisch gerieben)

Für die Hackfleischsauce

- 1 Bund Suppengrün
- 2 Knoblauchzehen
- 3 EL Olivenöl
- 500 g gemischtes Hackfleisch
- 100 ml Gemüsebrühe
- 1 Dose Pizzatomaten (Füllmenge 400 g)
- 1/2 Bund Thymian
- 1/2 Bund Oregano
- weißer Pfeffer
- 100 g Butterkäse in dünnen Scheiben

Für 4 Personen

Zubereitungszeit: ca. 1 Std.
Backzeit: ca. 25 Min.

1 Einen halben Liter Wasser und 1/2 Teelöffel Jodsalz aufkochen. Maisgrieß einstreuen. (Vorsicht: Es kann spritzen!) Unter Rühren bei kleinster Hitze etwa 3 Minuten gerade eben kochen lassen.

2 Polenta vom Herd nehmen und den Parmesan unterrühren. Eine kleine Kastenform (Länge 22 cm) fetten, die heiße Polenta einfüllen, glatt streichen und abkühlen lassen.

3 Suppengrün putzen, waschen und in kleine Würfel schneiden. Knoblauch abziehen und hacken.

4 2 Esslöffel Olivenöl erhitzen und das Hackfleisch darin krümelig braten. Hackfleisch aus der Pfanne nehmen. Das restliche Öl in die Pfanne geben und Suppengrün und Knoblauch darin anbraten.

5 Hackfleisch, Brühe und Pizzatomaten zugeben. Alles bei kleiner Hitze offen etwa 10 Minuten gerade eben kochen lassen.

6 Thymian und Oregano abspülen und trockenschütteln. Blättchen abzupfen und grob hacken. Kräuter zur Sauce geben und alles mit Jodsalz und Pfeffer abschmecken. Backofen auf 200 °C (Umluft 170 °C, Gas Stufe 3) vorheizen. Eine Auflaufform fetten.

7 Polenta stürzen und in etwa 1 cm dicke Scheiben schneiden. Polentascheiben überlappend in die Form geben. Die Hacksauce darüber geben und mit dem Käse belegen. Den Auflauf etwa 25 Minuten backen.

Hackfleischpastete

ZUTATEN

- 300 g TK-Blätterteig
- 5 EL Butter
- 3 gewürfelte Zwiebeln
- 300 g Rinderhackfleisch
- 100 ml Weißwein
- Salz, Pfeffer
- 5 EL Semmelbrösel
- 1 Bd. gehackte Petersilie
- Fett für die Form
- 4 EL Mehl
- 150 ml Olivenöl

Für 4 Personen

Zubereitungszeit: ca. 1 1/4 Std.
Backzeit: ca. 30 Min.

1 Den Blätterteig auftauen lassen. Die Butter erhitzen und die Zwiebeln darin glasig braten.

2 Das Hackfleisch dazugeben und unter Rühren bei mittlerer Hitze krümelig braten. Mit Weißwein ablöschen und mit Salz und Pfeffer würzen.

3 Die Füllung zugedeckt etwa 10 Minuten bei milder Hitze ziehen lassen. Dann die Semmelbrösel untermengen. Zum Schluss die Petersilie dazugeben.

4 Den Backofen auf 200 °C vorheizen. Eine Kastenform (ca. 25 cm lang) ausfetten. Die Blätterteigplatten mit Mehl bestäuben, einzeln in Backformgröße ausrollen und jeweils die Oberseite mit Öl bepinseln.

5 Dreiviertel der Blätterteigplatten übereinander schichten und in die Form legen. Die Füllung gleichmäßig darauf verteilen und mit den übrigen Teigplatten bedecken. Mit dem restlichen Öl beträufeln. Die Pastete im Ofen in etwa 1/2 Stunde goldbraun backen.

Wirsing-Lamm-Auflauf

ZUTATEN

- 1 mittelgroßer Wirsingkohl (etwa 900 g)
- Jodsalz
- 2 rote Zwiebeln
- 1 Zitrone
- 250 ml Brühe
- 2 Scheiben Vollkorntoast
- 1 EL Butterschmalz
- 1 TL getr. Kräuter der Provence
- schwarzer Pfeffer aus der Mühle
- 400 g Lammhack
- 1 Ei
- 150 g Frühstücksspeck (Bacon)
- 200 g Schlagsahne
- 150 g saure Sahne

Für 4 Personen

Zubereitungszeit: ca. 45 Min.
Backzeit: ca. 80 Min.

1 Wirsing putzen und 8 äußere Blätter ablösen. Die Blattrippen flach schneiden. Blätter in kochendem Salzwasser 3 Minuten blanchieren, kalt abschrecken und abtropfen lassen.

2 Restlichen Wirsing vierteln und den Strunk herausschneiden. Viertel quer in fingerdicke Streifen schneiden. Zwiebeln abziehen und fein würfeln. Zitrone auspressen und den Saft mit der Brühe mischen. Toastbrot in kaltem Wasser einweichen.

3 Butterschmalz erhitzen, Zwiebeln darin anbraten. Wirsingstreifen zugeben und kurz mitbraten. Etwa 100 ml Zitronenbrühe zugießen und alles zugedeckt bei kleiner Hitze etwa 5 Minuten gerade eben kochen lassen. Kräftig mit Kräutern der Provence, Jodsalz und Pfeffer würzen. Beiseite stellen und abkühlen lassen.

4 Eine Auflaufform mit Deckel (Ø 24 cm) mit dem Speck auslegen. Blanchierte Wirsingblätter gründlich trockentupfen und so auf dem Speck auslegen, dass sie am Rand über die Form stehen.

5 Toastbrot ausdrücken und mit dem Lammhack und dem Ei verkneten. Lammhack und gedünsteten Wirsing mischen. Füllung auf die Wirsingblätter geben. Blätter über die Füllung klappen, leicht andrücken und mit der restlichen Zitronenbrühe begießen.

6 Form schließen und in den kalten Backofen stellen. Ofen auf 200 °C (Umluft 170 °C, Gas Stufe 3) schalten und den Auflauf 50 Minuten backen.

7 Schlagsahne und saure Sahne verrühren, über den Auflauf gießen und den Auflauf ohne Deckel weitere 30 Minuten backen.

Indische Hackrolle

ZUTATEN

- 175 g Mehl und etwas Mehl zum Bearbeiten
- 1 TL Jodsalz
- 1 Eigelb
- 3 EL zerlassene Butter und etwas zerlassene Butter zum Bestreichen und für das Blech
- 1 Zwiebel
- 1 Knoblauchzehe
- 400 g gemischtes Hackfleisch
- 1 Ei
- 1 EL Paniermehl
- ½–1 TL Currypulver
- 1 Prise Lebkuchengewürz
- etwas abgeriebene Zitronenschale
- 50 g Rosinen
- 2 EL Kokosraspel
- 50 g Mandelblättchen

Für 4 Personen

Zubereitungszeit: ca. 40 Min.
Backzeit: ca. 45 Min.

1 Mehl, ½ Teelöffel Salz, Eigelb, 6 Esslöffel lauwarmes Wasser und 3 Esslöffel zerlassene, etwas abgekühlte Butter in eine Schüssel geben und zu einem geschmeidigen glänzenden Teig kneten. In Klarsichtfolie wickeln und bei Zimmertemperatur etwa 30 Minuten ruhen lassen.

2 Zwiebel und Knoblauch schälen. Zwiebel fein würfeln und Knoblauchzehe zerdrücken. Dann das Hackfleisch mit Zwiebeln und Knoblauch, Ei, Paniermehl, Currypulver, Lebkuchengewürz und Zitronenschale verkneten. Zuletzt die Rosinen untermengen.

3 Den Backofen auf 225 °C (Umluft 190 °C; Gas Stufe 4–5) vorheizen. Den Strudelteig auf einem großen bemehlten Küchentuch ausrollen, dann mit bemehlten Händen über den Handrücken von der Mitte gleichmäßig nach außen hin sehr dünn zu einem Rechteck ausziehen. Mit zerlassener Butter bestreichen und mit den Kokosraspeln bestreuen.

4 Die Hackmasse gleichmäßig darauf verteilen. (Das geht am besten, wenn man die Hackfleischmasse mit einem Stück Klarsichtfolie, so groß wie der Teig, abdeckt und dann ausrollt.) Auf jeder Seite einen Rand von etwa 2 cm frei lassen. Die Füllung mit dem größten Teil der Mandelblättchen bestreuen.

5 Den Strudel mithilfe des Tuches locker aufrollen, dann auf ein gefettetes Backblech legen. Dünn mit zerlassener Butter bestreichen und im vorgeheizten Ofen 15 Minuten backen. Den Ofen auf 200 °C (Umluft 170 °C; Gas Stufe 3) zurückschalten und den Strudel weitere 30 Minuten backen. Den Strudel während der Backzeit mehrmals mit zerlassener Butter bepinseln. 10 Minuten vor Ende der Backzeit mit den restlichen Mandelblättchen bestreuen.

Moussaka

ZUTATEN

- 1 Aubergine
- etwas Salz
- etwa 1/8 l Olivenöl
- 400 g Kartoffeln
- 1 Zwiebel
- 400 g Lammhack
- etwas schwarzer Pfeffer aus der Mühle
- 400 g Tomaten (aus der Dose)
- 2 EL Weißwein
- 2 EL Tomatenmark
- 1/2 TL Zimtpulver
- 1 EL gehackte glattblättrige Petersilie
- 2 TL fein gehackte Minze
- etwas Öl
- 3 EL Butter
- 5 EL Mehl
- 300 ml Milch
- 50 g Bergkäse

Für 4 Personen

Zubereitungszeit: ca. 1 Std.
Backzeit: ca. 45 Min.

1 Die Auberginen waschen, trockentupfen und die Stielansätze entfernen. In ½ cm dicke Scheiben schneiden.

2 Einen Teil des Öls in einer Pfanne erhitzen und die Auberginenscheiben nach und nach von beiden Seiten darin anbraten. Wenn das Öl aufgesogen ist, erneut Öl in die Pfanne geben.

3 Die Kartoffeln waschen und in leicht gesalzenem Wasser gar kochen. Dann abdampfen lassen, pellen, etwas abkühlen lassen und in dünne Scheiben schneiden.

4 Die Zwiebel schälen und fein hacken. 2 Esslöffel Öl in einer Pfanne erhitzen, die Zwiebeln glasig und das Lammhackfleisch krümelig braten. Salzen und pfeffern.

5 Den Tomatensaft aus der Dose zum Hackfleisch geben. Die Tomaten klein schneiden und in die Pfanne geben. Alles erneut salzen und pfeffern. Mit Wein, Tomatenmark, Zimt, Petersilie und Minze abschmecken. Den Backofen auf 200 °C (Umluft 170 °C; Gas Stufe 3) vorheizen. Die Auflaufform (etwa 30 cm lang) mit Öl einfetten.

6 Auberginenscheiben, Kartoffelscheiben und Hackfleischmischung abwechselnd einschichten. Jede Auberginen- und Kartoffelschicht pfeffern. Mit Auberginenscheiben abschließen.

7 Die Butter in einem Topf zerlassen und das Mehl darin anschwitzen. Unter Rühren die Milch zufügen und die Sauce mit Salz und Pfeffer abschmecken. Die Sauce über die Moussaka gießen, den Käse darüber reiben und alles auf mittlerer Stufe etwa 45 Minuten backen.

Kartoffelwähe
mit Chilihack

ZUTATEN

- 400 g mehlig kochende Kartoffeln
- 20 g frische Hefe
- 225 g Mehl
- 1/2 TL Salz
- etwas frisch geriebene Muskatnuss
- 1 Stange Lauch (150 g)
- 1 rote Paprikaschote
- 2 rote Chilischoten
- 400 g gemischtes Hackfleisch
- 1 EL Öl
- 1 TL Paprikapulver, edelsüß
- 2 frische Eigelbe
- 2 frische Eier
- 250 g Sahne
- Fett für die Form
- etwas Mehl zum Ausrollen

Für 8 Stücke
Zubereitungszeit: ca. 1 Std.
Backzeit: ca. 30 Min.

1 Die Kartoffeln waschen, in wenig Wasser zugedeckt in 25–30 Minuten gar kochen.

2 Die Hefe zerbröckeln, mit 100 ml lauwarmem Wasser verrühren und 10 Minuten an einem warmen Ort gehen lassen.

3 Kartoffeln abgießen, pellen und 150 g davon noch heiß durchpressen. Die Masse mit dem Vorteig, Mehl, Salz und Muskat zu einem glatten Teig verkneten. Zugedeckt an einem warmen Ort 20 Minuten gehen lassen. Den Ofen auf 200 °C (Umluft 170 °C; Gas Stufe 3) vorheizen.

4 Lauch putzen, waschen und in dünne Ringe schneiden. Die Paprikaschote putzen, waschen und klein würfeln. Die Chilischoten aufschlitzen, entkernen und in feine Streifen teilen. Die restlichen Kartoffeln klein würfeln.

5 Hackfleisch in einer Pfanne in heißem Öl unter Rühren krümelig braten. Mit Salz, Pfeffer und Paprikapulver würzen. Lauch, Paprika, Kartoffeln und Chilischoten unterheben.

6 Eigelbe, Ei und Sahne verquirlen, salzen und pfeffern. Eine Springform (etwa 26 cm Ø) einfetten. Den Teig auf bemehlter Fläche kreisförmig (etwa 30 cm Ø) ausrollen. In die Form geben, den Teig über den Rand hängen lassen.

7 Füllung und Eiermilch hineingeben. Überstehenden Teig nach innen rollen, andrücken. Auf mittlerer Schiene 30 Minuten backen.

Gefüllter Rinderhackbraten

ZUTATEN

Für den Braten

- 1 Roggenbrötchen vom Vortag
- 150 g getrocknete Tomaten in Öl
- 1 EL Semmelbrösel
- 400 g Rinderhackfleisch
- 1 Ei
- 125 g Magerquark
- 1 EL Tomatenmark
- Jodsalz
- weißer Pfeffer aus der Mühle

Für die Sauce

- 2 Bund Rauke (Rucola)
- 1 Knoblauchzehe
- 1 Schalotte
- 1 Knoblauchzehe
- 1–2 EL Kapern
- 150 g Joghurt
- 2 EL Aceto balsamico

Für 4 Personen

Zubereitungszeit: ca. 30 Min.
Backzeit: ca. 45 Min.

1 Das Brötchen in kaltem Wasser einweichen. Tomaten in ein Sieb geben und abtropfen lassen, Öl dabei auffangen. Eine Kastenform (Länge 22 cm) mit dem Tomatenöl fetten und mit den Semmelbröseln ausstreuen. Die Tomaten würfeln.

2 Brötchen ausdrücken und zerpflücken. Hack, Ei, Quark und Tomatenmark in eine Schüssel geben. 1/2 Teelöffel Jodsalz und eine kräftige Prise frisch gemahlenen Pfeffer zugeben. Alles zu einem Teig verkneten.

3 Backofen auf 200 °C (Umluft 170 °C, Gas Stufe 3) vorheizen. Teig in 2 Portionen teilen. Eine Hälfte in die Kastenform geben und glatt streichen. Mit einem feuchten Esslöffel längs in die Mitte des Teiges eine Vertiefung drücken.

4 Die gewürfelten Tomaten in die Vertiefung geben. Restlichen Hackteig darauf verteilen und glatt streichen. Die Form in den Ofen schieben und etwa 45 Minuten backen.

5 Die Rauke waschen, trockenschleudern und fein hacken. Kapern hacken. Schalotte und Knoblauch abziehen. Schalotte fein würfeln.

6 Joghurt, Rauke, Schalotte und Kapern mischen. Knoblauch dazupressen. Sauce mit restlichem Tomatenöl, Aceto balsamico, Jodsalz und Pfeffer abschmecken und kalt stellen.

7 Hackbraten aus dem Ofen nehmen und 5 Minuten ruhen lassen. Auf ein Brett stürzen und in Scheiben schneiden. Mit der Raukesauce servieren.

Makkaroniauflauf
mit Béchamelsauce

ZUTATEN

- 300 g Makkaroni
- Salz
- 100 g Butter
- 300 g gemischtes Hack
- 2 große gewürfelte Zwiebeln
- 2 geschälte Tomaten (aus der Dose)
- Pfeffer aus der Mühle
- 150 ml Weißwein
- 1 EL gehackte Petersilie
- 6 EL Mehl
- 3 EL Butter
- 250 ml Milch
- 1 verquirltes Ei
- 1 EL Zucker
- 4 EL geriebener Hartkäse

Für 4 Personen

Zubereitungszeit: ca. 30 Min.
Backzeit: ca. 45 Min.

1 Die Makkaroni in kochendem Salzwasser in etwa 12 Minuten bissfest garen, dann abgießen und abtropfen lassen. Die Butter in einer Pfanne erhitzen und das Hackfleisch zusammen mit den Zwiebeln darin anbraten.

2 Die Tomaten dazugeben und mit einer Gabel zerdrücken. Das Ganze salzen, pfeffern und etwa 5 Minuten dünsten. Mit Wein ablöschen, gut umrühren und nochmals 10 Minuten garen. Die Petersilie unterziehen.

3 Den Backofen auf 200 °C vorheizen. Für die Béchamelsauce das Mehl in der Butter anschwitzen, unter ständigem Rühren die Milch langsam zufügen und die Sauce mit Salz abschmecken. Das Ei und den Zucker einrühren.

4 Die Makkaroni mit dem Hackfleisch vermischen und die Masse in eine große gefettete Auflaufform geben. Die Béchamelsauce gleichmäßig darüber verteilen und den Käse darüber streuen. Den Auflauf etwa 45 Minuten im Ofen backen.

Käse-Hackfleisch-Strudel mit Zucchinisauce

ZUTATEN

- 60 g Butter und Butter für das Blech
- 250 g Mehl und Mehl für die Arbeitsfläche
- 2 Möhren
- 4 Frühlingszwiebeln
- 200 g mittelalter Gouda
- 1 Bd. Petersilie
- 2 Eier
- 500 g Rinderhackfleisch
- 120 g Crème fraîche
- Jodsalz
- grob gemahlener Pfeffer aus der Mühle
- 1 EL Milch
- 3 kleine Zucchini
- 1 EL frische Thymianblättchen
- etwas gekörnte Gemüsebrühe

Für 4 Personen

Zubereitungszeit: ca. 1 Std.
Backzeit: ca. 40 Min.

1 50 g Butter schmelzen, abkühlen lassen und mit Mehl sowie 150 ml lauwarmem Wasser verrühren. Den Teig 10 Minuten kneten, bis er glatt und elastisch ist; in Folie wickeln und 30 Minuten ruhen lassen.

2 Inzwischen Möhren und Frühlingszwiebeln waschen, putzen und in grobe Stücke schneiden. Den Käse in etwa 2 cm lange Streifen schneiden. Petersilie waschen und hacken. 1 Ei trennen. Hackfleisch mit 2 Esslöffel Crème fraîche, dem ganzen Ei und 1 Eiweiß vermengen. Mit Salz und Pfeffer pikant abschmecken.

3 Den Backofen auf 200 °C (Umluft 170 °C, Gas Stufe 3) vorheizen. Ein Backblech einfetten. Den Teig auf einem bemehlten Küchentuch so dünn wie möglich ausrollen, dann mit bemehlten Händen über den Handrücken von der Mitte gleichmäßig zu einem Rechteck von etwa 50 x 80 cm ausziehen. Wieder auf das Tuch legen.

4 Die Hackfleischmasse auf den Teig geben, mit Möhren, Frühlingszwiebeln, Käse und Petersilie bestreuen. Mithilfe des Tuches den Teig locker aufrollen, Seiten einschlagen und den Strudel auf das Backblech gleiten lassen. Das Eigelb mit Milch verquirlen und den Strudel damit bestreichen. Etwa 40 Minuten backen.

5 Die Zucchini waschen und in Stifte schneiden. In einem Topf in der restlichen Butter unter Rühren weich dünsten, dabei jedoch nicht bräunen. Mit so viel Wasser aufgießen, dass das Gemüse knapp 1 cm bedeckt ist, und pürieren. Die übrige Crème fraîche und den Thymian einrühren und die Sauce mit Gemüsebrühe, Salz und Pfeffer abschmecken. Nochmals erhitzen, aber nicht kochen. Zu den Strudelscheiben servieren.

Gefüllte Weinblätter auf Reis

ZUTATEN

- 2 Zwiebeln
- 1/2 Bund Petersilie
- 400 g Rinderhackfleisch
- 2 Eier
- 2 EL Semmelbrösel
- Salz
- Pfeffer
- Paprikapulver edelsüß
- 1 TL Senf
- 4 TL Tomatenmark
- 16 eingelegte Weinblätter
- 1 TL Öl
- 250 g gekochter Parboiled Reis
- 200 ml Brühe
- 1/4 l trockener Weißwein
- Zucker
- 1 EL Madeira
- 200 g Mozzarella

Für 4 Personen
Zubereitungszeit: ca. 40 Min.
Backzeit: ca. 40 Min.

1 Für den Hackfleischteig die Zwiebeln schälen und in feine Würfel schneiden. Die Petersilie waschen, trockentupfen und klein hacken.

2 Aus Zwiebeln, Petersilie, Hackfleisch, Ei, Semmelbrösel, Salz, Pfeffer, Paprikapulver, Senf und 2 Teelöffeln Tomatenmark einen Teig bereiten. Den Fleischteig in 16 gleiche Portionen aufteilen. Den Backofen auf 200 °C vorheizen.

3 Die abgetropften Weinblätter auf Küchenpapier legen. Die Hackfleischportionen darauf verteilen. Die Seiten der Weinblätter zur Mitte hin einschlagen und die Blätter vorsichtig aufrollen.

4 Eine Auflaufform ausfetten. Den gekochten Reis hineinfüllen, die aufgerollten Weinblätter darauf legen. Die Brühe mit Weißwein, Tomatenmark, Salz, etwas Zucker, Pfeffer und Madeira verrühren. Über die Weinblätter gießen. Den Mozzarella in Scheiben schneiden und darauf legen. Etwa 40 Minuten backen.

Fladenbrotpizza

ZUTATEN

- 1 rundes türkisches Fladenbrot (etwa 500 g)
- 1 Bund Lauchzwiebeln
- 100 g durchwachsener Räucherspeck
- 2 EL Butterschmalz
- 400 g Rinderhackfleisch
- 3 EL Tomatenmark
- 1 Dose Maiskörner (Abtropfgewicht 285 g)
- 1–2 TL Kräuter der Provence
- 150–200 g junger Gouda in Scheiben

Für 4 Personen

Zubereitungszeit: ca. 30 Min.
Backzeit: ca. 15 Min.

1 Lauchzwiebeln putzen, waschen und in dünne Ringe schneiden. Speck würfeln.

2 Butterschmalz erhitzen und den Speck darin ausbraten. Hack zugeben und krümelig braten.

3 Lauchzwiebeln, Tomatenmark und Mais mit Flüssigkeit zugeben und erhitzen. Mit Jodsalz, Pfeffer und Kräutern der Provence abschmecken. Beiseite stellen. Den Backofen auf 220 °C (Umluft 200 °C, Gas Stufe 4) vorheizen.

4 Fladenbrot halbieren und die Hälften in je 4 gleich große Stücke schneiden. Stücke quer halbieren, das ergibt 16 Stücke.

5 Fladenbrotstücke auf den Backofenrost geben und im Backofen 3–5 Minuten rösten. (Vorsicht: Das Brot kann verbrennen!) Inzwischen den Käse in Streifen schneiden.

6 Je etwa 2 Esslöffel Füllung auf den Fladenbrotstücken verteilen und mit den Käsestreifen belegen. Im Backofen etwa 10–15 Minuten überbacken.

Alles aus einem Topf

Hackfleisch-Sauerkraut-Topf

ZUTATEN

- 500 g Kartoffeln
- Jodsalz
- je 1 rote und grüne Paprikaschote
- 2 Zwiebeln
- 500 g Rinderhackfleisch
- 3 EL Butterschmalz
- 300 g Sauerkraut
- 2 TL Paprikapulver edelsüß
- 1 EL Kümmel
- weißer Pfeffer aus der Mühle
- eventuell 1/2 Bund Thymian

Für 4 Personen

Zubereitungszeit: ca. 45 Min.

1 Kartoffeln waschen, schälen und in grobe Würfel schneiden. Kartoffelwürfel in 800 ml Salzwasser etwa 15 Minuten zugedeckt kochen lassen.

2 Inzwischen die Paprika putzen, vierteln, entkernen und die Viertel in Stücke schneiden. Die Zwiebeln abziehen, längs halbieren und in ½ cm dicke Ringe schneiden.

3 Die Kartoffeln abgießen, das Kochwasser dabei auffangen. Butterschmalz in einem Bräter erhitzen und das Hackfleisch darin unter Rühren krümelig braten. Zwiebeln zugeben und kurz mitbraten.

4 Sauerkraut und Kartoffelwasser zugeben, aufkochen und bei kleiner Hitze etwa 10 Minuten zugedeckt kochen lassen. Paprika, Paprikapulver und Kümmel zugeben. Die Suppe aufkochen und weitere 7 Minuten kochen lassen.

5 Die Kartoffelwürfel zum Sauerkraut geben und erhitzen. Eintopf mit Jodsalz, Pfeffer und eventuell abgezupften Thymianblättchen abschmecken.

Tipp

Auf der Fensterbank Kümmelpflanzen ziehen: Einfach einen halben Teelöffel Kümmelkörner in einem Blumentopf mit Erde geben. Den Topf mit Klarsichtfolie verschließen und die Folie mehrfach einstechen. Auf der Fensterbank keimen die Samen schnell und wachsen zu filigranen Pflänzchen heran.

Pak-Choi-Rouladen
mit Tomatensauce

ZUTATEN

- 800 g Pak-Choi
- Jodsalz
- 2 Scheiben Vollkorntoast
- 2 Zwiebeln
- 400 g Beefsteak-Hack
- 2 Eier
- 1 TL Dijonsenf
- schwarzer Pfeffer aus der Mühle
- 5 EL Olivenöl
- 1 Dose Pizzatomaten (Füllmenge 400 g)
- 125 g Crème double
- Zucker

Für 4 Personen

Zubereitungszeit: ca. 1 Std.

1 Den Pak-Choi aufblättern und waschen. 4 große Pak-Choi-Blätter von den Stielen schneiden und 1 Minute in kochendem Salzwasser kochen lassen. Blätter kalt abschrecken und abtropfen lassen.

2 Restliche Pak-Choi-Blätter von den Stielen schneiden. Grün hacken, Stiele schräg in etwa 5 cm lange Stücke schneiden. Dicke Stiele eventuell längs halbieren.

3 Vollkorntoast in kaltem Wasser einweichen. Ausgedrückten, zerpflückten Toast, Hackfleisch, Eier, Senf und Pak-Choi-Grün verkneten. Mit Salz und Pfeffer würzen.

4 Den Teig in 4 Portionen teilen. Je eine Portion in ein Pak-Choi-Blatt einrollen und beiseite stellen.

5 Zwiebeln abziehen und fein würfeln. 3 Esslöffel Olivenöl in einem Bräter erhitzen und die Zwiebelwürfel darin andünsten. Pizzatomaten zugeben, aufkochen, salzen und pfeffern. Rouladen auf die Tomaten setzen. Bräter schließen und die Rouladen bei mittlerer Hitze etwa 35 Minuten garen.

6 Inzwischen restliches Olivenöl erhitzen. Pak-Choi-Stiele darin kurz anbraten, salzen und im geschlossenen Topf etwa 5 Minuten dünsten, dabei eventuell etwas Wasser zugeben.

7 Die Rouladen aus dem Bräter nehmen und warm stellen. Crème double in die Tomatensauce rühren und etwas einkochen lassen. Mit Jodsalz, Pfeffer und einer Prise Zucker abschmecken. Rouladen auf der Tomatensauce anrichten. Die Stiele dazu reichen.

Pilz-Frikadellen-Topf

ZUTATEN

Für die Frikadellen

- 1 Bund Schnittlauch
- 1–2 Knoblauchzehen
- 500 g gemischtes Hackfleisch
- 40 g Semmelbrösel
- 1 Ei
- 3 TL Tomatenmark
- Jodsalz
- weißer Pfeffer
- 3 EL Butterschmalz

Für das Gemüse

- 500 g Champignons
- 400 g Zwiebeln
- 600 g kleine Kartoffeln
- 10 g getr. Steinpilze
- 1 Bund Thymian
- 1/2 Bund Majoran
- 300 ml Brühe
- 2 EL Zitronensaft

Für 4 Personen

Zubereitungszeit: ca. 1,5 Std.

1 Knoblauch abziehen, Schnittlauch abspülen, trockenschütteln und in Röllchen schneiden.

2 Hackfleisch, Semmelbrösel und Ei in eine Schüssel geben. Schnittlauch, Tomatenmark, 1/2 Teelöffel Jodsalz und eine kräftige Prise Pfeffer zugeben. Knoblauch dazupressen.

3 Mit den Knethaken des Handrührers zu einem Teig verarbeiten. Mit feuchten Händen etwa 24 runde Frikadellen drehen.

4 2 Esslöffel Butterschmalz in einer Pfanne erhitzen und die Frikadellen darin rund herum anbraten. Aus dem Fett nehmen und beiseite stellen. Einen Tontopf wässern.

5 Pilze mit einer Pilzbürste oder mit Küchenpapier säubern. (Pilze nicht waschen, sonst saugen sie sich voll Wasser!) Pilze vierteln. Zwiebeln abziehen, halbieren und längs in Spalten schneiden.

6 Steinpilze hacken. Thymian und Majoran abspülen, trockenschütteln und mit den zarten Stielen hacken. Steinpilze und Kräuter mischen.

7 Restliches Butterschmalz in die Pfanne geben. Pilze und Zwiebeln darin portionsweise braten.

8 Kartoffeln schälen und vierteln oder würfeln. Frikadellen, Pilze, Zwiebeln, Kartoffeln und Steinpilz-Kräuter-Mischung in den Tontopf schichten.

9 Tontopf schließen und in den kalten Backofen stellen. Bei 225 °C (Umluft 200 °C, Gas Stufe 4) etwa 1 Stunde schmoren lassen.

Kürbis-Hack-Ragout

ZUTATEN

- 600 g Kürbis
- 2 rote Zwiebeln
- 1/2 Bund Thymian (oder 1 TL getrockneter)
- 2 TL Kümmel
- 750 g gemischtes Hackfleisch
- 2 EL Butterschmalz
- Jodsalz
- weißer Pfeffer aus der Mühle
- 1 EL Tomatenmark
- 250 ml Brühe
- 1 Bund Petersilie
- 1 Bund Schnittlauch
- 200 g Schmand
- rote Tabascosauce

Für 4 Personen

Zubereitungszeit: ca. 45 Min.

1 Den Kürbis abspülen und das weiche Kürbis-Innere und die Kerne mit einem Löffel entfernen. Kürbisfleisch eventuell schälen und würfeln.

2 Zwiebeln abziehen und würfeln. Thymian abspülen und mit den zarten Stielen hacken.

3 Kümmel in einer Pfanne ohne Fett unter Rütteln rösten, bis er duftet. Herausnehmen.

4 Butterschmalz in einem Schmortopf erhitzen. Hackfleisch und Zwiebel darin krümelig braten. Kürbiswürfel untermischen.

5 Tomatenmark, Thymian, Kümmel und Brühe zugeben, mit Jodsalz und Pfeffer würzen. Zugedeckt bei kleiner Hitze etwa 15 Minuten köcheln lassen.

6 Petersilie und Schnittlauch abspülen und trockenschütteln. Petersilienblättchen hacken und beiseite stellen. Schnittlauch in Röllchen schneiden.

7 Schmand glatt rühren, leicht salzen und pfeffern. Schnittlauch untermischen. Die gehackte Petersilie unter das Ragout mischen und mit wenigen Spritzern Tabasco würzig abschmecken.

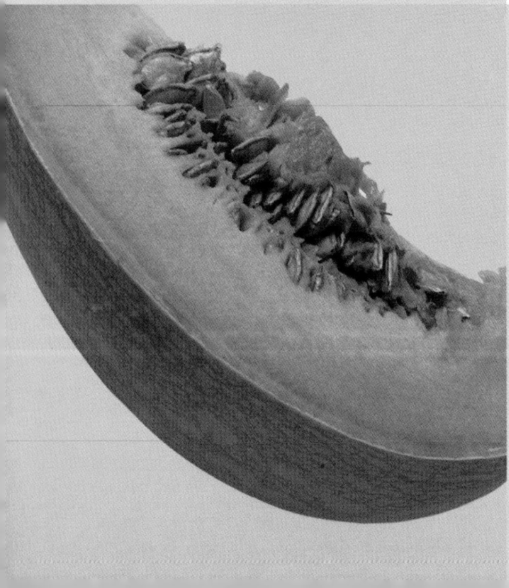

Tipp

Für dieses Gericht eignet sich am besten der Hokkaido-Kürbis. Er hat festes Fruchtfleisch, das im Geschmack an Maronen erinnert. Wenn Sie eine andere Sorte mit weicherem Fruchtfleisch verwenden, kann sich die Garzeit etwas verringern.

Gefüllte Kohlrabi

ZUTATEN

- 8 mittelgroße junge Kohlrabi
- Jodsalz
- 1 Bund Schnittlauch
- 300 g Hackfleisch
- 1 EL Butterschmalz
- 1 TL eingelegte grüne Pfefferkörner
- 1 Ei
- 100 g geriebener Emmentaler
- 2 EL Butter
- 250 ml Gemüsebrühe
- 4 EL Crème fraîche
- 1 TL Mehl
- etwas Tomatenmark
- Pfeffer aus der Mühle

Für 4 Personen

Zubereitungszeit: ca. 1 1/4 Std.

1 Die Kohlrabi waschen, die zarten Blätter abschneiden und beiseite legen. Die Kohlrabi putzen, schälen und in kochendem Salzwasser etwa 5 Minuten blanchieren. Herausheben, etwas abkühlen lassen, einen Deckel abschneiden und die Knollen aushöhlen.

2 Die Kohlrabiblättchen klein schneiden. Den Schnittlauch waschen, trockenschütteln und in Röllchen schneiden. Das herausgelöste Kohlrabifruchtfleisch fein würfeln und zusammen mit dem Hackfleisch im heißen Butterschmalz anbraten, bis das Fleisch krümelig und aller Saft verdampft ist.

3 Die Pfefferkörner zerdrücken. Mit dem klein geschnittenen Grün – bis auf 2 Esslöffel Schnittlauch für die Garnitur –, etwas Salz und dem Pfeffer unter die Hackfleischmasse mengen. Die Masse etwas abkühlen lassen. Das Ei mit dem geriebenen Käse verrühren und untermischen.

4 Die Hackfleischmischung in die ausgehöhlten Kohlrabi füllen. Die Butter in einem weiten Topf und die Kohlrabi darin leicht andünsten. Die Brühe angießen und die Kohlrabi bei aufgelegtem Deckel etwa 25 Minuten garen. Die Kohlrabi aus der Form nehmen und warm stellen.

5 Den größten Teil der Crème fraîche in die Garflüssigkeit rühren. Das Mehl mit etwas kaltem Wasser anrühren und die Sauce damit binden, mit etwas Tomatenmark verfeinern und nach Belieben mit Salz und Pfeffer abschmecken. Die gefüllten Kohlrabi auf Teller setzen, die restliche Crème fraîche darauf geben, die Sauce angießen und das Gericht mit dem restlichen Schnittlauch garnieren. Als Beilage schmecken Kartoffelmus mit viel Schnittlauch und ein Tomatensalat.

Chili con Carne

ZUTATEN

- 1 Gemüsezwiebel
- 1–2 Knoblauchzehen
- 1 grüne Paprikaschote
- 2 EL Olivenöl
- 500 g Rinderhackfleisch
- 800 g geschälte Tomaten
- 800 g rote Bohnen (Bruttogewicht; 2 Dosen)
- 1 EL Tomatenmark
- Jodsalz
- schwarzer Pfeffer aus der Mühle
- 1 Spritzer roter Tabasco
- 1 Prise Zucker
- etwas Chilipulver
- 1 TL getrockneter Oregano
- 1 TL gem. Kreuzkümmel
- gekörnte Fleischbrühe
- 1 Bund Koriander
- 500 g Eiertomaten

Für 4–6 Personen

Zubereitungszeit: ca. 55 Min.

1 Die Zwiebel und den Knoblauch schälen und fein hacken. Die Paprikaschote putzen, waschen und klein schneiden.

2 Das Öl in einem großen Topf erhitzen und Zwiebeln, Knoblauch und Paprikaschote darin andünsten.

3 Das Hackfleisch hinzufügen und unter Rühren krümelig braten. Die Tomaten mit dem Saft dazugeben und im Topf zerdrücken. Die Bohnen ebenfalls mit der Flüssigkeit zugeben. Das Tomatenmark und alle Gewürze in den Eintopf einrühren.

4 Das Chili zugedeckt etwa 30 Minuten köcheln lassen. Nach Bedarf Wasser zugeben, sodass es immer eine sämige, nicht zu trockene Konsistenz hat. Mit der gekörnten Brühe abschmecken.

5 Den Koriander waschen, trockenschütteln und hacken. Die Tomaten waschen und in Scheiben schneiden. Das Chili in eine vorgewärmte Servierschüssel füllen oder in vorgewärmte tiefe Portionsteller. Mit den Tomatenscheiben belegen und mit dem Koriander bestreuen.

Tipp

Besonders raffiniert schmeckt das Chili, wenn Sie zusätzlich 1 Lorbeerblatt mitkochen und zum Schluss 8–10 schwarze entsteinte Oliven unter das Chili rühren.

Chinesische Hackbällchen

ZUTATEN

- 150 g Klebreis
- 1 Zwiebel
- 1 Knoblauchzehe
- 10 g frischer Ingwer
- 1 Bund Schnittlauch
- 600 g Schweinehackfleisch
- 3 EL Sojasauce
- 1 Eiweiß
- Chinakohlblätter

Für 4 Personen

Zubereitungszeit: ca. 1 Std.
Einweichzeit: ca. 12 Std.

1 Den Klebreis waschen und über Nacht in kaltem Wasser einweichen. Abgießen und abtropfen lassen.

2 Zwiebel und Knoblauch abziehen. Zwiebel fein würfeln. Ingwer dünn schälen. Ingwer und Knoblauch hacken. Schnittlauch abspülen, trockenschütteln und in Röllchen schneiden.

3 Hack, Zwiebel, Knoblauch und Ingwer verkneten. Sojasauce und Eiweiß unterarbeiten.

4 Zwei Dampfkörbe mit Chinakohl-Blättern auslegen. Den Klebreis auf einem flachen Teller ausbreiten.

5 Aus dem Hackteig mit feuchten Händen etwa 36 walnussgroße Kugeln formen. Im Klebreis wälzen und auf den Kohl setzen. Dabei etwas Abstand lassen.

6 Die Dampfkörbe übereinander setzen und verschließen. Körbe in einen Wok (oder Topf) stellen und so viel Wasser zugießen, dass die Hackbällchen nicht berührt werden.

7 Den Wok schließen, das Wasser aufkochen und die Hackbällchen bei mittlerer Hitze etwa 20–25 Minuten dämpfen.

Tipp

Wenn Sie keine Dampfkörbe haben: Hackbällchen auf einen mit Chinakohl ausgelegten Teller setzen. Eine Tasse mit der Öffnung nach unten in einen Topf stellen. Wasser zugießen und den Teller auf die Tasse stellen. Zugedeckt wie beschrieben dämpfen.

Hackfleischrisotto

ZUTATEN

- 1 kleine Möhre
- 1 Stange Staudensellerie
- 1 Schalotte
- 2 EL Olivenöl
- 200 g Rinderhackfleisch
- ca. 850 ml kochend heiße Fleischbrühe
- 300 g passierte Tomaten (Fertigprodukt)
- 1/2 Lorbeerblatt
- Jodsalz
- etwas schwarzer Pfeffer aus der Mühle
- 300 g Risottoreis
- 2 EL Butter
- 3 EL geriebener Parmesan

Für 4 Personen

Zubereitungszeit: ca. 2 Std.

1 Möhre und Staudensellerie waschen und putzen. Die Zwiebel schälen. Alle drei Zutaten fein hacken. Das Öl in einem Topf erhitzen und das Gemüse darin unter Rühren weich schmoren.

2 Das Hackfleisch und gut 100 ml Brühe hinzufügen und die Zutaten unter Rühren garen, bis die Flüssigkeit verdampft und das Fleisch angebräunt ist. Dann die passierten Tomaten und das halbe Lorbeerblatt hinzufügen; mit Salz und Pfeffer würzen. Die Sauce mit aufgelegtem Deckel bei schwacher Hitze mindestens 1 Stunde köcheln lassen, bis sie gut eingedickt ist.

3 Den Reis in die Sauce geben, aufkochen und unter Rühren erhitzen. Dann unter ständigem Rühren schöpfkellenweise die heiße Brühe dazugießen und jeweils warten, bis der Reis die Flüssigkeit aufgenommen hat, bevor eine weitere Schöpfkelle Brühe hinzugefügt wird. Den Reis auf diese Weise etwa 20 Minuten kochen.

4 Wenn der Risotto cremig, der Reis aber noch bissfest ist, den Topf von der Kochstelle nehmen. Das Lorbeerblatt entfernen und die Butter und den Parmesan unterrühren. Mit Salz und Pfeffer abschmecken. Den Deckel auflegen und den Risotto einige Minuten ruhen lassen. Dann sofort servieren.

Tipp

Die Hackfleischsauce am besten 1 Tag im Voraus kochen, dann kann sie über Nacht ihren vollen Geschmack entwickeln. Die eingedickte Sauce stellen Sie bis zur Verwendung in den Kühlschrank. Diese Sauce kochen Sie am nächsten Tag zur Risottozubereitung einfach noch einmal auf.

Kartoffel-Gemüse-Eintopf mit Hackfleisch

ZUTATEN

- 600 g Kartoffeln
- 1 große Stange Lauch
- 4 vollreife Tomaten
- 1 kleine Gemüsezwiebel
- 3 EL Öl
- 400 g gemischtes Hackfleisch
- ca. 400 g gegarte Kichererbsen (Dose)
- 1 TL getrockneter Rosmarin
- 1 TL getrockneter Thymian
- Paprikapulver edelsüß
- Jodsalz
- schwarzer Pfeffer aus der Mühle
- 3/4 l Gemüsebrühe
- 1 Bd. glatte Petersilie
- 4 EL saure Sahne

Für 4 Personen

Zubereitungszeit: ca. 70 Min.

1 Die Kartoffeln schälen, waschen und grob würfeln. Den Lauch putzen, waschen und in Ringe schneiden. Die Tomaten über Kreuz einritzen, mit kochend heißem Wasser überbrühen, kalt abschrecken, vom Stielansatz befreien, enthäuten und vierteln. Die Zwiebel schälen und grob hacken.

2 Das Öl in einem großen Topf erhitzen und das Hackfleisch darin krümelig braten. Die Zwiebel dazugeben und glasig braten. Dann Kartoffeln und Lauch hinzufügen und andünsten.

3 Die Kichererbsen abtropfen lassen und zusammen mit den Tomaten dazugeben. Rosmarin, Thymian, Paprikapulver einrühren, mit Salz und Pfeffer aus der Mühle abschmecken. Die Brühe angießen. Alles vorsichtig verrühren und dann zugedeckt 25–30 Minuten köcheln lassen.

4 Die Petersilie waschen, trockenschütteln und hacken. Den Eintopf portionieren, jede Portion mit 1 Esslöffel saurer Sahne garnieren und mit Petersilie bestreuen.

Tipp

Fleisch spielt in der Ernährung heranwachsender Kinder wegen seines Eisengehaltes eine wichtige Rolle. Und mit Hackfleisch decken Sie den Bedarf an hochwertigem tierischem Eiweiß ausgesprochen preiswert.

Für Picknick und Party

Toastecken mit Herz

ZUTATEN

- 3–4 Zweige frischer Majoran
- 2 Schalotten
- 1 EL Öl
- 1 Knoblauchzehe nach Belieben
- 400 g gemischtes Hackfleisch
- 3 EL Paniermehl
- 2 Eier
- 1 TL Senf
- Jodsalz
- etwas schwarzer Pfeffer aus der Mühle
- Cayennepfeffer
- 12 Salatblätter
- 3 kleine feste Tomaten
- 4 dickere große Scheiben Gouda (ca. 150 g)
- 6 Scheiben Sandwichbrot

Für 4 Personen

Zubereitungszeit: ca. 50 Min.

1 Den Majoran waschen, trockenschütteln und die Blättchen abzupfen. Etwa 12 schöne Blättchen für die Dekoration zurückbehalten. Den Rest fein hacken. Die Schalotten schälen und sehr fein würfeln.

2 Das Öl in einer Pfanne erhitzen, die Schalotten darin glasig werden lassen. Den Knoblauch, falls verwendet, schälen, durchpressen und dazugeben. Die Pfanne von der Kochstelle nehmen. Den Backofen auf der niedrigsten Grillstufe vorheizen.

3 Das Hackfleisch mit dem Pfanneninhalt, Paniermehl, Eiern, Senf und dem gehackten Majoran zu einem geschmeidigen Fleischteig verkneten. Die Masse mit Salz, Pfeffer und Cayennepfeffer pikant würzen.

4 Die Hackfleischmasse auf einem mit Backpapier belegten Backblech auseinander drücken und gleichmäßig auf eine Dicke von etwa ½ cm verstreichen. Die Hackfleischschnitten im vorgeheizten Backofen (auf der oberen Schiene) etwa 12 Minuten backen, bis die Masse leicht gebräunt ist. Das Blech aus dem Ofen nehmen.

5 Inzwischen die Salatblätter waschen und trockenschütteln. Die Tomaten waschen, abtrocknen und in dünne Scheiben schneiden. Aus dem Käse mit einem kleinen Herzausstecher mindestens 12 Herzen ausstechen. Die Sandwichbrote diagonal halbieren. Aus der abgekühlten Hackfleischmasse mit einem großen Herzausstecher mindestens 12 Herzen ausstechen.

6 Jedes Brotdreieck mit 1 Salatblatt, Tomatenscheiben und jeweils 1–2 Hack- und Käseherzen belegen. Mit den zurückgelegten Majoranblättchen garnieren und nach Belieben mit etwas Salz und Pfeffer würzen.

Kartoffeln mit Hackfleischfüllung

ZUTATEN

- 800 g große fest kochende Kartoffeln
- Jodsalz
- 100 g Räucherspeck
- 1 Bund Lauchzwiebeln
- 1 Knoblauchzehe
- 250 g Kalbshackfleisch
- 2 EL Öl
- schwarzer Pfeffer
- 1–2 TL getr. Thymian
- 200 g körniger Frischkäse

Für 4 Personen

Zubereitungszeit: ca. 1 Std.

1 Kartoffeln gründlich waschen und in Salzwasser etwa 20 Minuten kochen lassen.

2 Inzwischen den Räucherspeck würfeln. Lauchzwiebeln putzen, waschen und in Ringe schneiden. Knoblauch abziehen.

3 Öl in der Pfanne erhitzen. Den Speck darin anbraten, Lauchzwiebeln und Hackfleisch zugeben und krümelig braten. Knoblauch dazupressen. Mit Jodsalz, Pfeffer und Thymian kräftig abschmecken.

4 Die Kartoffeln pellen und längs halbieren. Mit einem Teelöffel aushöhlen, dabei einen kleinen Rand stehen lassen.

5 Das Kartoffelinnere und den Frischkäse unter die Füllung mischen. Eine ofenfeste Form fetten.

6 Den Backofen auf 200 °C (Umluft 170 °C, Gas Stufe 3) vorheizen. Die Füllung auf die Kartoffeln verteilen und in die vorbereitete Form setzen. Im heißen Backofen etwa 20 Minuten backen.

Tipp

Kartoffeln enthalten biologisch hochwertiges Eiweiß. Mit Milchprodukten (hier der Frischkäse) kombiniert, kann es vom Körper besonders gut genutzt werden.

Frikadellchen vom Blech

ZUTATEN

Für die Frikadellchen

- 1 Dose Kichererbsen (Füllmenge 400 g)
- 1 Zwiebel
- 750 g gemischtes Hackfleisch
- 1 Ei
- 2–3 TL mittelscharfer Senf
- Jodsalz
- weißer Pfeffer aus der Mühle
- Paprikapulver edelsüß
- 1 EL Öl

Für den Avocadodip

- 1 Avocado
- 2 Lauchzwiebeln
- 1 grüne Chilischote
- 1/2 Bund Koriander
- 1 Limette
- 75 g saure Sahne

Für den Paprika-Feta-Dip

- 1 Knoblauchzehe
- 1/2 Bund Pfefferminze
- 125 g Schafskäse (Feta)
- 125 g Quark (20 %)
- 100 g Paprikapüree (Ajvar, türk. Lebensmittelgeschäft)
- 1 EL Zitronensaft
- 1 EL Olivenöl

Für 4–6 Personen

Zubereitungszeit: ca. 45 Min.

1 Kichererbsen in ein Sieb schütten und abtropfen lassen. Inzwischen die Zwiebel abziehen und würfeln.

2 Die Kichererbsen mit dem Kartoffelstampfer zerdrücken oder mit einem Messer hacken. Hackfleisch, Kichererbsen, Zwiebel und Ei mit Senf, Jodsalz, Pfeffer und Paprikapulver würzen und zu einem Teig verkneten.

3 Den Backofen auf 250 °C (Umluft 220 °C, Gas Stufe 5) vorheizen. Die Fettpfanne des Backofens mit dem Öl ausstreichen. Aus je einem gehäuften Esslöffel Hackfleischteig mit feuchten Händen ein Frikadellchen formen. Die Frikadellen in die Fettpfanne setzen und etwa 20 Minuten braten.

4 Die Avocado halbieren und entkernen. Fruchtfleisch aus der Schale heben. Lauchzwiebeln putzen, waschen und klein schneiden. Chilischote längs aufschlitzen, entkernen und würfeln. (Sofort die Hände waschen oder mit Gummihandschuhen arbeiten!) Koriander abspülen und grob hacken. Limette auspressen.

5 Alle Zutaten mit der sauren Sahne mit dem Schneidstab des Handrührers pürieren. Mit Jodsalz und Pfeffer abschmecken, kalt stellen.

6 Knoblauch abziehen und grob hacken. Minze abspülen und die Blättchen abzupfen. Feta mit einer Gabel zerkleinern. Feta, Quark, Ajvar, Knoblauch, Minze und Zitronensaft mit dem Schneidstab des Handrührers pürieren. Mit Olivenöl, Jodsalz und Pfeffer abschmecken, kalt stellen.

Bananen-Fleischbällchen im Tortillatütchen

ZUTATEN

- 375 g gemischtes Hackfleisch
- 1 Ei
- 1 kleine Knoblauchzehe
- 2 Bananen
- 1 TL Senf
- 1 TL Paprikapulver edelsüß
- Rosenpaprika
- Jodsalz
- schwarzer Pfeffer aus der Mühle
- Butterschmalz zum Braten
- 1 reife Papaya
- 2 EL Zitronensaft
- 1 Schalotte
- ca. 4 EL Tomatenmark
- Zucker
- eventuell etwas Speisestärke
- 1/2 Bd. frischer Koriander oder glatte Petersilie
- 8 Weizentortillas

Für 4 Personen

Zubereitungszeit: ca. 1 Std. 10 Min.

1 Hackfleisch und Ei vermengen. Die Knoblauchzehe schälen, durchpressen und dazugeben. 1 Banane schälen und in Stücken darauf geben. Alles zusammen mit Senf, Paprikapulver, etwas Salz und Pfeffer zu einem Teig verkneten. Mit angefeuchteten Händen kleine Fleischbällchen formen.

2 In einer tiefen Pfanne Butterschmalz erhitzen und die Bällchen darin portionsweise rundherum braun braten, aus dem Fett heben und im Backofen bei 80 °C warm stellen.

3 Die Papaya halbieren, die Kerne herauslösen, das Fruchtfleisch mit einem Löffel aus der Schale lösen und pürieren. Die übrige Banane schälen und mit 1 Esslöffel Zitronensaft zerdrücken. Die Schalotte schälen und klein würfeln. Im Bratfett von den Fleischbällchen anbraten.

4 Die beiden Fruchtpürees dazugeben. So viel Tomatenmark einrühren, dass die Sauce eine sämige Konsistenz hat. Alles erhitzen, mit Salz, Pfeffer, Zucker und eventuell Zitronensaft abschmecken. Falls die Sauce zu flüssig ist, etwas Stärke anrühren und die Sauce damit binden. Die Kräuter waschen, trockenschütteln und fein hacken; den größten Teil in die Sauce rühren.

5 Die Tortillas in einer verschlossenen ofenfesten Form im Backofen (80 °C) erwärmen. Jeden Tortillafladen zum Tütchen formen. Mit Fleischbällchen und obenauf etwas Sauce füllen. Jedes Tortillatütchen zum Halten unten fest in eine Serviette einschlagen. Mit den zurückbehaltenen Kräutern garnieren und sofort servieren.

Hackfleisch-Zucchini-Spieße mit Joghurtsauce

ZUTATEN

- 1 unbehandelte Zitrone
- 1/2 Bund Thymian
- 1 große rote Zwiebel
- 1 Knoblauchzehe
- 4 EL Öl
- 600 g Rinderhackfleisch
- 60 g Vollkorn-Semmelbrösel
- 1 Ei
- Jodsalz
- weißer Pfeffer aus der Mühle
- 300 g Zucchini
- 16 Cocktailtomaten
- 1 Bund Schnittlauch
- 150 g Joghurt
- 50 g Paprikapüree (Ajvar; türk. Lebensmittelgeschäft)
- Zucker

Für 4 Personen
Zubereitungszeit: ca. 30 Min.

1 1 Zitrone heiß abspülen und abtrocknen. Die Schale dünn abreiben. Thymian abspülen, trockenschütteln und die Blättchen abzupfen.

2 Zwiebel und Knoblauch abziehen. Zwiebel fein würfeln, Knoblauch hacken. 1 Esslöffel Öl erhitzen und die Zwiebel darin 2 Minuten unter Rühren braten.

3 Hackfleisch, Semmelbrösel und Ei in eine Schüssel geben. Zitronenschale, Thymian, Zwiebel und Knoblauch zugeben. Mit Jodsalz und Pfeffer würzen und zu einem glatten Teig verkneten. Aus dem Teig 16 Hackbällchen formen.

4 Zucchini abspülen, putzen und in 16 Scheiben schneiden. Cocktailtomaten abspülen.

5 Hackbällchen, Zucchini und Tomaten abwechselnd auf 8 Holzspieße stecken. Zucchinischeiben salzen und pfeffern.

6 Restliches Öl erhitzen und die Spieße darin rundherum anbraten. Hitze reduzieren und die Spieße auf jeder Seite etwa 4 Minuten braten.

7 Inzwischen den Schnittlauch abspülen, trockenschütteln und in Röllchen schneiden. Joghurt, Paprikapüree und Schnittlauch verrühren. Mit Salz, Pfeffer und einer Prise Zucker würzen, zu den Spießen servieren. Dazu passt Reis.

Kräuterfladen
mit Hackfleischfüllung

ZUTATEN

Für den Fladen
- 250 g Weizenmehl Type 1050
- 125 g Weizenmehl Type 1700
- Jodsalz
- je 2 TL getrockneter Thymian und Oregano
- 20 g zerbröckelte Hefe
- 4 EL Olivenöl und Öl

für das Backblech

Für die Füllung
- 150 g Raclettekäse
- 1 Zwiebel
- 100 g getrocknete Tomaten in Öl, abgetropft
- 200 g gemischtes Hackfleisch
- 200 g Beefsteakhack
- einige Zweige frischer Thymian und Oregano
- Pfeffer aus der Mühle
- 1 Msp. Cayennepfeffer
- Butterflöckchen

Für 4 Personen

Zubereitungszeit: 1 Std. 20 Min.

Ruhezeit: ca. 50 Min.

1 Beide Mehlsorten, 1 Teelöffel Salz, die Hälfte der getrockneten Kräuter, die zerbröckelte Hefe, 1/4 l Wasser und 4 Esslöffel Olivenöl in eine Schüssel geben und mit den Knethaken des Handrührgerätes zuerst auf niedriger, dann auf höchster Schaltstufe verkneten, bis sich der Teig vom Schüsselrand löst. Abgedeckt bei Zimmertemperatur in etwa 30 Minuten zur doppelten Größe aufgehen lassen.

2 Den Teig zu einem runden Fladen von etwa 1 cm Dicke ausrollen. Auf ein gefettetes Backblech legen und 20 Minuten gehen lassen. Den Backofen auf 200 °C (Umluft 170 °C; Gas Stufe 3) vorheizen.

3 Den Hefefladen mit einer Gabel mehrmals einstechen, mit lauwarmem Wasser bepinseln, mit den restlichen getrockneten Kräutern bestreuen und den Fladen im - heißen Ofen etwa 35 Minuten backen; herausnehmen. Den Backofen auf 175 °C (Umluft 150 °C; Gas Stufe 2) zurückschalten. Das Brot etwas abkühlen lassen, dann das obere Drittel als Deckel abschneiden.

4 Den Käse würfeln. Die Zwiebel schälen und ebenso wie die Tomaten fein schneiden. Käse, Zwiebel und Tomaten mit dem Hackfleisch vermengen. Die Kräuter waschen, trockenschütteln und die Blättchen abzupfen; mit Salz, Pfeffer und Cayennepfeffer unter die Käse-Fleisch-Masse mengen. Die Füllung auf dem Fladenbrot verteilen, mit Butterflöckchen besetzen.

5 Den belegten Fladen im vorgeheizten Ofen ohne Deckel etwa 20 Minuten backen. In den letzten 5 Minuten den Deckel auflegen. Den fertig gebackenen Fladen in Tortenstücke schneiden und heiß servieren.

Rezeptregister